窮苦出身，反而有「更加努力」的理由！

工作是為自己工作，而不是為別人工作！

有正確的思想和哲學，便可保證企業永存不滅；

沒有正確的思想和哲學，一遇挫折就會失去方向……

經營之聖
本田宗一郎

小林英夫　編著

在日本二次大戰後創造「日本經濟奇蹟」的四個男人，在企業界素有被稱為「經營之聖」的美譽，而這個名稱卻來自於國外用「經營四聖」對他們的讚歎，他們是——

松下 Panasonic 松下幸之助（一八九四～一九八九年）

本田 HONDA 本田宗一郎（一九〇六～一九九一年）

索尼 SONY 盛田昭夫（一九二一～一九九九年）

京瓷 KYCERA 稻盛和夫（一九三二～二〇二二年）

名人推薦

那位先生（本田宗一郎）真使我佩服得五體投地。他從不考慮買賣的得失，一味地創新和發明，即使你說這件事是否可以緩一緩，他也只是說「知道了，知道了」，但從不停止他的發明創造。

——日本企業家石田退三

他（本田宗一郎）對任何事物都不曾考慮過「不可能」三個字。他為了克服戰爭期間物資不足的困難，曾在自己工廠的一隅自製水泥和石灰。更有甚者，據說他還自己動手製成了玻璃板。撇開那種做法的利害得失，這不正是向各種不可能因素挑戰，化不可能為可能的極好的例子嗎？

——日本企業家川上嘉市

戰後，日本的經營者中，要數真正創造出財富的人，只有索尼公司的井深大和本

田技研的本田宗一郎了。其他皆非個人所創造，而是整體組織創造出的。

——日本商工會議所會長五島升

本田宗一郎是自亨利・福特之後世界上最有才氣、最成功的機械工程企業家。

——世界上最偉大的推銷員、美國汽車推銷商喬治・吉爾德

本田的設計之精良，幾乎像是一塊寶石手錶，令每一位我與之交談過的工程師驚為天人（Astonished）！

——英國《星期日泰晤士報》

在試著拆裝本田機械時，坦白說，因其構造實在太完美，令我們深感惶恐。那機械做得簡直跟手錶一樣精密，且完全沒有模仿的痕跡，是一種根據偉大的構思而獨創的機械。

——英國《每日鏡報》

前言

一個只有小學畢業，就去當修理汽車的學徒，後來他靠夢想征服了世界，他的故事鼓舞著一代又一代的年輕人，即使他已離開我們多年了，但影響力仍歷歷在目、記憶猶新……每當人們看著HONDA，彷彿就能獲得勇氣與啟發，說不定「本田老爹」正笑瞇瞇地告訴你，永遠不要忘記——Fly with your dreams（乘著夢想去飛翔）！

本田宗一郎（一九〇六～一九九一年）在明治39年11月17日出生於日本靜岡縣濱松市盤田郡的光明村，是一個窮苦打鐵匠人家的長男。成長之後，他竟然由一個汽車的小學徒，發展成享譽全球的「車神」企業家，為全球汽車企業留下了不可抹滅的光輝一頁！

本田宗一郎一生獲得的榮譽舉不勝數，被譽為「摩托之父」；享譽全球的技術型企業家和創新大師；榮獲美國機械工程協會「荷利獎章」——要知道，「荷利獎章」自設立100多年來，只頒發給了兩個人，一個是福特，另一個就是本田宗一郎。當然，本田宗一郎也成了首個進入美國汽車名人堂的日本人。另外，本田宗一郎與松下的松下幸之助、索尼的盛田昭夫、京瓷的稻盛和夫被譽為「日本經營四聖」。

這裡還有個另一位「經營之聖」稻盛和夫的故事——

京瓷剛創業時，稻盛聽說有一個經營研討會，講師之中竟有大名鼎鼎的企業名人本田宗一郎，研討會在一個溫泉旅館舉行，三天兩夜、費用五萬，這在當時可是「天價」，於是身邊的人都反對，可他為了見本田先生，就執意去參加了！

當天，參加會者進入溫泉，換好浴衣，在一個大房間坐下，等候本田先生到來。不一會兒，本田先生露面了，他從濱松工廠直接趕來，穿著油漬斑斑的工作服，一開口，就給了眾人一個「下馬威」：

「各位，你們究竟是幹什麼來的？據說是來學企業經營的。如果有這閒工夫，不

如趕快回公司幹活去。泡泡溫泉，吃吃喝喝，哪能學什麼經營。我就是證據，我沒向任何人學過經營，我這樣的人不也能經營企業嗎？所以，你們該做的事只有一件，立刻回公司上班去！」

本田用他那爽朗的聲音把大家訓斥一通，臨了又挖苦道：「花這麼高的參加費用，這樣的傻瓜哪裡去找？」

眾人默不作聲，因為本田講得太對了！

稻盛和夫聽本田這麼一開口，更加為他的魅力所傾倒，心說：「好吧！我也快快回公司幹活去。」

本田教給他們的是：在榻榻米上練習游泳未免太傻了。榻榻米上學不會游泳，倒不如即刻跳入水中，用手用腳划一陣子再說，不在現場揮汗，哪能學到什麼經營——本田宗一郎自己就是榜樣。成就偉大事業的智慧只能從經驗的積累中才能獲得。只有親身參與的體驗才是最寶貴的財富。

本田宗一郎之所以受歡迎，不單是因為他作為一名汽車修理工製造出了摩托車，並成為一流車企的創始人，還因為他人生經歷中較多的波瀾壯闊、俠義豪情。而後者，恰恰使許多人產生了共鳴。

為製造的工藝，賭上一切的天才和瘋狂，從少年時代便具備的不停追夢、不斷探索的創造精神和浪漫情懷，之後邂逅的夢想和事業的終極目標，更是不捨晝夜、忘乎所以，超越他的那一代人……

本田的特質和理念最讓人讚賞的是，整合實用性和創造性的創意，厭惡模仿、追求獨創技術的挑戰精神；預判那個時代的需求和大眾品位的遠見性，主張「良品無國界」而放眼世界的全球化思維；反對政府干預、指揮和限制商業（企業）的自主獨立精神；倡導「員工應為自己工作」的人本主義；重視安全和環境的公共道義心；明確目標、放權於年輕人的管理藝術；公私分明的企業經營倫理……

除了令其他企業望塵莫及的企業管理之道，最令人印象深刻的，還要數本田宗一郎的個人魅力。他生性開朗、率直純真、一心追夢，從不玩弄權謀計策，一直靠實力取勝。即便失敗，他也從不氣餒，不忘笑容和幽默的態度。

俗話說，「有情人相會，千里變一里」，引申義是人們對於喜歡的東西，不管多麼辛苦，都能樂在其中。這正是貫穿本田一生的經緯法則，亦是「本田主義」的原點。理智的合理原則和感性的情義精神十分和諧巧妙地集於一身，這便是本田宗一郎獨特的個人魅力。

特別推崇的是：本田宗一郎那種化夢想為力量、為了目標、義無反顧的執著專注、無所畏懼勇往直前的精神也令人感動，他雖然粗獷、豪爽、痛快，行事不拘一格，但卻粗中有細、懂得不斷去思考的思維方式，實在是留給下一代最重要的寶物！

《經營之聖本田宗一郎》雖說是一部本田生涯的奮鬥史，但其實更是一部本田留給世人可歌可泣的人生「感動之作」！您不一定要從本書中學習經營之道，但您一定不能錯過這樣一部——令人拍案叫絕的精彩人生……

目錄

HONDA

HONDA

第一章

貧窮鐵匠之家的長男

在貧窮家庭出生，不要以為是可恥的。也不要因為家境窮苦，無法上比較高級的學校而悲觀。反而要為出生在貧苦家庭而自傲，因為出生在貧苦家庭，這是給你一個努力的機會。由於出身窮苦，自己想從窮苦中解脫出來，自然會比人家多加一倍努力。努力的結果，絕對會帶來比較富裕的人生。成功的人物，大多出身貧苦的。

——本田宗一郎

1．車神誕生「我來了！」

每逢到了晚秋與初冬時分，天氣給人印象總是一年之中最舒服的日子，這時颱風季節已過，放眼望去，景色十分清晰，空氣特別乾淨，微微冷冽的風也會令人覺得無比舒爽，讓人全身充滿了躍躍欲試的新動力！

不過，這一天在靜岡濱松市的盤田地區，卻是天生異象，又是大風又是大雨，從早到晚整天狂飆不停，難道是有哪位何方神聖要駕臨，還是有什麼妖孽要出現……

就在這一天，住在盤田郡光明村的鐵匠儀平並沒有生火做生意，本田儀平是個十分勤快又客氣的人，他的父祖輩都是務農出身，不過當時農人是社會最辛苦又最吃不飽飯的族群，所以到了儀平要當家的時候，他毅然掛起了打鐵的招牌（他年輕時曾在打鐵店當過幾年的學徒）——改農為匠。專做打造一般家庭的鐵器以及修理簡單農具的工作，由於他不錯的手藝以及為人誠懇實在，所以窮歸窮、生活還算過得去。

這時，只見他悶坐在店鋪的一隅用力地吸著菸，可一下子又起來在店裡窄小的有限空間走來走去，他望著外面的風雨，顯得有些不解地瞧了又瞧，「這天氣……」嘴裡說了一句未完結的話，轉回身來從口袋又摸出一根菸正要點上之際──「哇──」內室傳來一個響亮的嬰兒哭聲……

嚇得他把菸掉在了地上，他也顧不著地急急往內室走去……「哦！恭喜太太，是一個壯壯的小男孩哦！」在內室裡，來幫忙助產的阿姨高聲地叫了一聲。

聽了這叫聲之後，他才猛然停住──男人是不能插手婦人的生產的──不過，他笑了！雖忍住了笑聲，但笑得裂開了嘴唇，連眼睛眉毛都彎了。儀平開心極了，這是他盼望好久的第一個孩子！

時間是：一九〇六年（明治39年）11月17日，創造「本田神話」的本田宗一郎誕生了。

濱松市是江戶幕府第一代征夷大將軍德川家康的故居，它是個環境優美、氣候良好、地靈人傑的地方。到了現在，濱松市知名的濱名湖更是以盛產鰻魚而聞名，是日本十大名湖之一，與台灣中部的日月潭結為姐妹湖，友誼情深。同時現在的濱松也是日屈指可數的花卉產地，每年五月的風箏節競賽、花車遊行更是享譽國際，引來全球遊客的目光，紛紛前來朝聖……

可是，在宗一郎小時候，母親美加也要分擔店裡的部分工作以及全部家務，哪有時間帶孩子，待最久的地方就是乳母車（即現在的嬰兒車），以前的乳母車是用竹子做的，車身約寬2尺×長4尺，車內有上層（在高度的二分之一左右）是小孩子會坐的時候放置的，下層則是小孩已經會站學走路時用的（這時上層可取下來），所以從懂事之後，他就是看著父親工作的背影長大的，雖說有點無聊，但小宗一郎倒是很喜歡呼嚕呼嚕的抽風箱聲以及鐵錘叮噹敲打紅通通生鐵的聲音。

可能因為是男孩子，宗一郎在上學之前，就對擺弄機械和引擎感興趣。當時，離家四公里左右的地方有家碾米作坊，那裡有台碾米用的發動機（引擎），這在當時可算十分稀罕了。那時，爺爺經常背著他去那裡買米，那引擎運作的聲音，還有它冒出的青煙裡所帶的石油特有的氣味，都深深令他著迷。距那家作坊一公里的地方，還有

一家木材加工所，那裡有鋸木頭的電鋸。宗一郎也好喜歡看強勁的電鋸輕而易舉地鋸開木頭，也喜歡聽它發出的「嗡嗡」的聲音。總之，只要看著任何機械運作，他就會感到很興奮、很高興。

當宗一郎上小學之後，有時也要經常背著妹妹去上學，雖會受到同學的嘲笑，但他卻一點也不氣餒，照常負起哥哥的責任，後來還是祖父一有空時就會幫他帶妹妹。祖父與他的大孫子感情實在讓人羨慕不已！放學後他也經常幫父親拉風箱。早在尚未清楚記事起，他就喜歡把廢鐵折彎，做出形狀莫名其妙的東西。因此，對他來說，敲敲打打地製造和修理農具是一種樂趣——是他童年的樂趣。

2．調皮搗蛋的豐功偉業

當他在上小學（山東小學）時，由於理科直到五年級都是教植物和昆蟲之類的知識，因此他不感興趣，成績也不好。到了六年級，理科的內容變成了電池、天平、試管、機械之類的，於是他一下子就喜歡上了理科。不過喜歡歸喜歡，他雖然的確理解老師講的內容，也能夠有問必答，可一到考試，就蒙了。因為他討厭習字和要背書，對寫字也嫌煩。他手巧，動手做東西不輸別人，但文字表達能力不行。因此特別討厭老師教造句、作文之類的，所以只要上這種課時，他常常會溜出教室，爬到學校後山的樹上，呆呆地仰望天空。直到後來，他看書依然很難看進去，還是更喜歡看電視，靠耳朵和眼睛高效地獲取資訊。

記得小時候，村裡剛通電家家戶戶都可裝電燈了。當時，看到拉線操作的電工腰上掛著鉗子和螺絲起子、扳手爬到電線杆上，他十分佩服和激動。說得誇張點兒，當時在他眼中，這簡直就是英雄人物，甚至回家後依然久久不能忘懷。於是，他爬到坐在地爐旁的爺爺的肩上，扯著他已禿得差不多的腦袋上的幾根頭髮，得意地大喊：「我是電工啦！」

當他小學二、三年級時，有一天，放學後正趕著回家，突然聽到有人說村裡來了汽車。於是，他什麼事兒都不管，徑直飛奔過去看。只見一輛搭著篷布的汽車從遠處開來，在村裡狹窄的道上緩緩行駛，慢得就連當時的小孩都能追上，宗一郎抓著車尾巴著不放「乘」了一陣。這是他頭一次看到汽車，激動程度不言而喻！那汽車只要停下來，底部就不斷滴油。而那油的氣味，當時感覺既奇怪又新鮮，很難用語言表達。於是他趴在地上，像小狗一樣嗅著它的味道，還把油塗在手上抹開，貪婪地把那氣味吸入肺裡。

就在那時，他心中生起了一個懵懂的夢想：有一天，我也要造出汽車。那之後，村旁的小鎮經常有汽車來，而他每次都會在放學後趕回家，然後背著妹妹奔過去看。

山村裡不缺少小孩子遊戲的去處：春天，登山採山菜，尋找蝙蝠巢作探險，屁股坐在樹葉上在斜坡急滑而下；夏天，跑到河裡游泳，並坐著木筏順流而下；秋天，撿栗子；冬天，玩陀螺。本田宗一郎從小就學會了游泳，他在水裡玩水，時常發現再重的石頭，只要靠著水的力量也能讓它滾動。河川中漂流的巨木，也能靠著水流從上游往下游浮飄過去。本田宗一郎從大自然中學到水力的應用，這和他後來搞水力發動機（引擎）也很有關係。

本田宗一郎是一個成績糟糕的學生，常常逃學，還不時地搞出一些惡作劇，是全村最淘氣的孩子。他曾經講過這樣一件事：「父親從未對我說過要好好念書之類的

話。但我也不想讓父親看到成績單上的紅字，便用壞車胎橡皮自己刻了個章。因為成績單上須蓋有父母的印章才證明確實給家長過目了。我就偽造了印章，瞞過父母，自己蓋上後還給老師。但畢竟兒時的智慧有限，沒注意到印章的字體必須反著刻，不過我的印章沒事兒，因為『本田』兩個字均左右對稱。我朋友也不想讓家長看成績單，讓我給他刻個章，自己蓋到成績單上，結果因為字體左右顛倒壞了大事，挨了好一頓罵……」

少年時代的本田宗一郎，毫無保留地將自己那份淘氣勁兒發揮了出來。他的和服袖管上因為擦著鼻涕，老是像塗了層合成樹脂般硬邦邦的，且哧嚓有聲。小學後面有個瓜田，他經常悄悄鑽到田裡，偷吃西瓜，他在西瓜上開個小洞，插上麥桿，把瓜汁吸得乾乾淨淨，然後將西瓜上的小洞朝下放回原處，彷彿什麼也沒發生似地溜回去了。從吃法上，也能看出這個好玩機器的少年，鬼點子還挺多的。

學校附近的清海寺廟，每日正午時分必敲鐘鳴示，到田裡工作的村人，都憑鐘聲來認定用午飯的時間。某日，本田宗一郎又逃學到後山閑逛，玩著玩著肚子餓了，可是離吃午飯還有一段時間，情急之下，他心生一計，悄悄登上了清海寺鐘樓，擅自敲

響了鐘聲。隨後急急忙忙趕回家，見母親也聽到鐘聲開始準備飯菜，他因此如願提早吃到了午飯。

本田家附近有個石材店，工作的場地上放了一尊剛完工的地藏王菩薩石雕。宗一郎對那尊地藏王菩薩石雕的鼻子形狀不甚滿意，於是趁石材店老闆不在之時，便用鐵鎚開始對其「整形」。不料在敲擊時用力過猛，本該修整的鼻子一下子給敲掉了，變成了一尊「無鼻的」菩薩。這段故事，與其說是惡作劇，倒更像是一段熱衷「修理」的本田大師傅。

後來，父親儀平因為要養活家裡十幾口，不得不拼命接活計而疏於管教已經上學的宗一郎，而宗一郎又生性「浪漫」，以致除了玩樂對功課實在令人不敢恭維，所有的成績單幾乎都是「滿江紅」，在老師的眼中也只能當個「差勁的傢伙」了。

終於，儀平由於打鐵過度使用力氣，而傷折了肩膀，無法繼續幹這種重活了，於是他只好改行賣起自行車來，他專收購舊車，然後整修美容之後再高價賣出，在當時卻也生意興隆，風評頗佳！

因為是自行車總算和「車」攀上了關係，宗一郎倒是一下課就馬上回來幫忙，對

機械動力的東西他可是興趣盎然，做得黑頭黑臉依然笑嘻嘻地，十分起勁！

一九一四年秋天，宗一郎正上小學二年級。有一天，聽說濱松的步兵聯隊基地有飛行表演。說起飛機，當時他只見過圖片，沒看過實物，因此無論如何都想去見識一下。可思來想去，就算去求父親，父親也不會答應，於是他決定擅自行動。在飛行表演開始的數日前，他偷偷拿了家裡2分錢，作為路費。

左等右等，終於到了舉行飛行表演的那天，他若無其事、大搖大擺地騎上了父親的自行車，朝著濱松方向拼命蹬。自不必說，當天他是翹課了。當時，還是小學二年級學生的他，腳根本搆不著那麼高的大人自行車的腳鐙，於是只得一隻腳伸到自行車的橫杠下面，整個人懸在橫杠的一邊一歪一扭地玩兒命蹬，因為自行車的車架是三角形的，這種姿勢當時被稱為「三角蹬」。宗一郎一路蹬啊蹬，終於看到了聯隊基地，他內心雀躍不已。

可這份欣喜只持續了片刻，因為聯隊基地的訓練場被柵欄圍著，要付入場費才能進去看飛行表演。入場費要10分錢左右，而這位少爺才從家裡「借」了2分錢，於是

站在自行車旁發呆，不知該怎麼辦。想到好不容易來一趟，無論如何都要看到飛行表演，萬分著急時，突然發現近處有一棵高大的松樹，於是他馬上爬了上去。因害怕被人發現，他還折了些樹枝，堆在下半身當掩護。

就這樣，他的目的達成了。雖然距離隔得遠了些，但他在那裡生平頭一次看到了真的飛機，還有當時知名的美國特技飛行員亞特・史密斯（Art Smith）的飛行表演。這令宗一郎十分震撼和感動。歸途雖然還是一路「三角蹬」，可他卻感到分外輕鬆。一路回想著亞特・史密斯反戴鴨舌帽、頭戴飛行員護目鏡的英姿，就不知不覺地把頭上學生帽的帽檐轉到了後腦勺。

他當時已經做好回家後被父親臭罵一頓的心理準備，於是到家後毫不掩飾地將自己偷2分錢看表演的事情和盤托出。父親一開始確實發了點火，但接著就問：「你這小子，真的見過飛機了？」聽父親的口氣，他「好像」甚至還有點羨慕。

還有一段經歷也類似。記得那是在他上普通小學三、四年級的時候，那天是天長節（天皇生日），因學校要舉行慶典儀式，所以家裡也讓他穿得體面一點去上學。他穿了一身碎白點花紋的傳統日式服裝，母親還給他繫上了嶄新的綠色外衣腰帶。他並不知道那條腰帶是母親的和服腰帶，得意揚揚地到了學校，結果被班裡同學一個勁兒地嘲笑：「羞！羞！你的腰帶是女人的……」那天，宗一郎哭著回了家。

從那以後，宗一郎想了很多，得出的結論是：把顏色分成「男人的」「女人的」實屬荒唐。喜歡什麼顏色，穿什麼衣服，是每個人個性的選擇，不應被所謂的「大眾常識」左右。若給別人帶來不快，或給人製造麻煩，那自然不對；可若沒有影響到他人，服裝和顏色應屬個人的自由。

前面提過，宗一郎他們家境貧寒，因此父母也不怎麼給他買衣服，於是他經常一件衣服穿很久，袖口沾滿了擦的鼻涕，硬得簡直和合成樹脂有得一拼。

當時，有戶鄰居家裡很富裕，每到5月份的傳統節日，家中還會擺出弁慶（平安時代末期的僧兵是為武士道精神的代表人物）和源義經（平安時代末期的知名將領，曾任左衛門少尉兼判官）等英雄武將的人偶，他自然也很想去看看，可一去那戶人家，對方就說：「你這樣的髒孩子，不能進來！」然後把他轟走。那時的不甘心，他始終難忘。直到後來，他都對以「有錢」「沒錢」為標準，區別對待他人感到不齒。因為有過這種心酸的經歷，所以他堅決抨擊這種勢利行為。他一直堅信人人平等，也

將其貫徹到以後他的企業經營之中。

3．在ART商會汽車修配廠的學徒生涯

本田宗一郎從懂事起，常常趁父親不注意時拿起打鐵工具擺弄鐵片，並用工具把鐵片巧妙地做成各種玩具，他的天賦和創造力在這時就很突出地表現出來。他在入小學前，就對機器、引擎之類的東西抱有濃厚的興趣。他喜歡機械，喜歡操作機械，喜歡聽機械的轉動聲，一出家門，就圍著機械旁邊，母親叫他回家，他連聲也不應，與機械為伴片刻不離。

本田宗一郎是一個古怪的少年，多年以後，他自己也說：「那時碾米廠引擎發出的隆隆聲、鋸木廠聲勢浩大的拉鋸子聲，對我都有一種抵擋不住的魅力。」

本田宗一郎少年時代的淘氣故事，多得簡直不勝枚舉。一九二二年，本田宗一郎15歲，那時原本開鐵匠鋪的父親改行做起了修理自行車的生意。因為這個緣故，本田

家就定期會收到《輪業世界》這本雜誌。本田宗一郎非常喜歡讀這本雜誌，常常翹首期待每一期雜誌的到來。有一天，他正在瀏覽這本雜誌時，突然發現一則招聘啟事：「亞特ART商會招聘汽車修理工。」僅「汽車修理」幾個字，就讓他心馳神往了。他決定去應聘，趕緊寄信給亞特商會，大致內容是想拜師學藝。沒過多久就來了回信，說是可以雇用他，請他儘快到東京來。但與父母一商量，卻遭到反對。母親的態度尤為堅決：「絕不能讓長子去東京。」他竭力說服父母：「今後是汽車時代，無論如何我也要去幹汽車這一行！」最後父親還是同意了：「既然你講到這一步了……」

於是，父親在他小學畢業後就帶他坐上了從濱松到東京的火車，前往在東京本鄉湯之島的ART商會汽車修配廠，交給了商會的老闆榊原侑三，後來他才知道這位老闆是汽車修理界的名人，他實在很幸運！隨身的行李就是一個柳條編織而成的小箱子。他到了那裡幹的頭一件事，就是替主人家看孩子，他後來回憶說：「背上一熱，便知是小孩撒尿了。於是師兄們便會挖苦我說，本田背上又畫地圖囉！我只能咬緊牙關默默忍受，心想拜師學藝最初都是如此。」他接著說：「每天都是看顧孩子，手裡捏的

不是夢寐以求扳手之類的修理工具，而是抹布。失望之餘使我幾次想收拾行李，從二樓放下繩索逃走。這時，眼前就會出現遠在故鄉的父親怒容和母親吹口琴的身影，我也只好打消離開的念頭。」這樣的情況大概持續了半年。

某日，老闆總算說話了：「喂，小子，今天太忙了，這邊來幫一下。」那是個大雪紛飛的日子，本田宗一郎第一次得到的工作就是修理線路斷了的底板，他忘了寒冷，往汽車底下鋪張席子就鑽了進去。當時的興奮情景，久久令人難以忘懷。

一九二三年9月，東京地區發生了大地震。大地震引發的火災也殃及亞特商會。「快把汽車弄出去！會開車的每人開一輛，把它們運到安全的地方去。」老闆大聲吩咐雇工們。那些都是客戶為了修理而寄放在商會裡的貴重汽車。當時汽車的零件大多是木製品，所以即使自己家燒了，也要保住車輛，這是商人特有的性格。

本田宗一郎心裡想：太好了，平日裡時時刻刻都想著能早日開車。當然，這些客戶寄放的汽車，老闆不可能交給一個小學徒來駕駛的，不過，今天就不同了。他跳上一輛正在修理的汽車，儘管動作生疏，還是把它駛上了混亂擁擠的街道，並設法把它停到一個比較安全的地方。他回憶那日初次駕車的情景時，這樣說道：「對我來說，沒有什麼比這更誘人的了。」

關東大地震後，在亞特商會裡做事的十五、六個修理工幾乎都回老家去了，留下來的只有本田宗一郎和師兄兩人。而另一方面，由於亞特商會承接了因芝浦工廠被燒而轉來的汽車，修理任務繁重，本田宗一郎也就徹底從看管孩子的困境中解脫了出來。從那時起，他總是騎著摩托車到各處跑，上門為客戶服務，修理各種汽車。維修工作給他帶來了樂趣，使他逐漸瞭解汽車的構造及引擎的原理。他工作勤奮、聰明能幹，很快就成了一名優秀的汽車修理工。

「在地震避難期間，只要一有空兒，我便騎著摩托車，在淪為火災廢墟的東京市內轉悠。有的人因住的宅子被燒不得不回老家，卻苦於沒有交通工具，我便讓他們坐到摩托車的挎斗裡（該摩托車附有一個可以坐人的挎斗，俗稱為邊三輪摩托車，是戰時軍隊常用的載具車子），載他們到板橋一帶。作為感謝，他們會給我不少車錢，而我則拿著這些錢去農戶那裡買米。至於老家的父母，我暫且向

他們報了平安。說實話，每天騎著摩托車這樣轉轉悠悠，對我來說真是一大樂事。」

騎摩托車兜風、學習開車、修車……在某種意義上，關東大地震反而培養了本田宗一郎成為一名修車界的高手！

他在ART商會總共當了六年學徒。其間，有悲有喜，也有許多奮鬥和失敗史。由於他出身鄉下且家境貧寒，沒什麼零用錢，因此即便休息日出去消遣娛樂，最多也只能去附近的淺草之類的地方。

某個休息日，他正準備去淺草玩，學徒前輩卻對我說：「我教你怎麼不花錢乘電車，你只要跟著我就行。在下車時，你緊緊跟在我後面，舉起右手，握成拳，向後豎起大拇指就行。」這便是前輩給的「秘訣」。於是他們坐上電車，到了淺草站下車時，這位前輩走在前面，一邊往後豎大拇指，一邊順利下了車。他看到後，也立刻照這個「秘訣」行事，把大拇指往後一豎就要下車。可就在他以為成功過關的瞬間，乘務員突然叫住了他：「喂喂！你這傢伙，等一下！」

於是，他坐「霸王車」的計劃終告失敗。想想也是，他後面又沒人，拇指豎了也白豎。結果，他不但得付自己的車錢，還得付前輩的那份。

而想起淺草，宗一郎腦中第一個浮現的便是西瓜，其中有個小故事。當時他去淺草玩的樂趣之一是吃東西。不過因為沒什麼錢，所以只能去路邊攤吃，最多花個10分錢左右。可有一次，正好剛拿到薪水沒幾天，他和學徒前輩便商量著趁手頭還有幾個錢，不如去中餐館嘗嘗鮮。於是，兩人就走進了淺草的一家中餐館。

他們找了個二樓的位子剛坐下，便被映入眼簾的一大盤西瓜吸引。那盤西瓜切得極漂亮，看起來十分美味。既然是放在盤子上的，那自然是可以吃的。這麼想著，他倆便毫不客氣地大快朵頤起來，味道果然極好。宗一郎心中暗暗擔心：「吃了這麼多，等下會不會收我們好多錢……」就在這時，女服務生走了過來，吃驚地問他們：「哎呀，你們吃了放在這兒的西瓜？」「沒錯，味道很好，怎麼了？」他反問道。結果服務生說，那是引蒼蠅用的西瓜。西瓜本身自然是不差的，可得知真相的兩人頓時一陣噁心。雖然後來點了拉麵，但實在沒了胃口。這出洋相，確實蠻丟臉的。

4．終於可以獨當一面、唱獨角戲了

前面提過，宗一郎的父親起初是鐵匠，後來改行賣自行車，家裡可謂與機械有緣，再加上他天生喜歡擺弄機械，所以在學習修車技術時學得較快，進步也顯著。或許正因為如此，老闆逐漸認同了他的工夫與技術，把他視為能夠獨當一面的修理工，漸漸地常委派他獨自去客戶那裡登門修車。

某個夏天，老闆對宗一郎說：「神田前面的九段（地名）有輛車因為變速箱齒輪壞了而拋錨了，你去看看！」於是，他騎著自行車趕往「事故現場」。趕到之後，他拆下變速箱一看，發現只有拿回廠裡才能修好，便把滿是黑色潤滑油的變速箱綁在自行車後座，哼著歌往本鄉的廠裡趕回。當時夕陽西下，天就快黑了。因為他沒開自行車燈，一個勁兒地往前蹬。在蹬到水道橋（地名）時，隱蔽在暗處的一名巡警突然冒了出來，他身穿白色制服，戴著白色手套，身上還有佩劍，大聲叫住他：「小鬼！過來一下！」並用手按住了後座上的變速箱。

「哪有你這樣的？騎車居然不打燈？來崗亭接受一下教育！」大概是看他的年紀小，態度十分傲慢高高在上。可一走進燈光敞亮的崗亭裡，對方就傻眼了——巡警那雪白的制服和手套，都沾上了黑漆漆的油污。被「擺了一道」的巡警立即衝他撒氣：「喂！小鬼！你幹嘛在自行車上放這種東西……」員警一口一個「小鬼」，喋喋不休地嚴厲訓斥他。

不過，由於宗一郎遲遲沒有回去，修理廠那邊可急壞了，老闆又是打電話，又是叫夥計出去找。老闆也好，前輩也好，都覺得可能這個鄉下小子迷路了。出門找人的前輩幾經輾轉，終於在那個治安崗亭發現了還在站著接受巡警教育的「金絲緞少年」（當時，修理工等從業人員的工作服一般都是從外國進口的廉價舊衣服，這些舊衣服類似軍官服，上面有金絲緞裝飾。本田穿的工作服也屬於這種），於是進來替他求情，最後總算把他救了回來。

在宗一郎18歲那年，老闆安排他去盛岡出差，任務是修理那裡消防隊的消防車。這也證明了當時他的年紀雖小，但技術已是一個相當不錯，可以獨當一面的修理工

了。於是他激動地坐上火車，趕到遙遠的盛岡。可一到目的地，以消防團團長為首的一眾接洽人皆向他投來了詫異的目光。對方一票人都滿臉疑惑，似乎在說：「這個小鬼能來做什麼？」而對方也的確把他當小鬼對待——安排他住的旅館房間是緊鄰女服務生的，比普通房間還差（其實是棉被間吧）。而他在著手修理時，對方見他拆下汽車的一個個零件，似乎都冒冷汗，大概怕他反而會越修越壞，還忍不住問了一聲：

「小鬼，你把車拆成這樣，真的沒問題？」

是在這樣的懷疑和「監視」下，他默默地持續地修理著那消防車。到了第三天，他把所有零件都裝了回去，宣佈大功告成。作為驗收，對方發動消防車，引擎順利啟動。「啊啊！都恢復正常了，也能出水了！」團長等人如此驚嘆道。此時，宗一郎心中甚是得意，而對方之前那藐視的眼神也頓時轉為敬佩之光。

那天傍晚回到旅館時，他的房間已經從緊鄰女服務生的下等房換成了位於客廳內部，比地面高出一階，可掛條幅、可放擺設，可裝點花卉等用於裝飾的小套間了。宗一郎心想：「人真是現實的動物，這些傢伙，這兩天還當我是個小鬼呢，可一眨眼的工夫就把我當成『大師級』人物了。」這種坐火箭般的待遇改善，反倒令他不知所措了。晚餐時，女服務生還前來斟酒。那是他生平頭一次喝酒，再加上是女人斟的，因此非常緊張，拿酒杯的手可是抖個不停。

當時他還是懵懂的少年。現在回想起來，一開始那個緊鄰女服務生的小房間，反而才是「近水樓台先得月」的好地方啊，錯過了機會，後來想想還有一絲遺憾呢！不過比起這些，那一趟最大的收獲是讓宗一郎得了技術的價值和珍貴。

回到東京後，他向老闆如實報告情況，老闆聽了後也大為高興。此後，老闆愈發賞識他的技術，而他也繼續努力工作。後來政府徵兵，他被誤診為色盲，因此「逃」過了「甲類合格」的入伍命運，仍然留在老闆那裡多幹了一年。

ART商會的汽車修理廠老闆榊原侑三既是優秀的機械工程師，也是傑出的企業家。他並未止步於汽修業，後來甚至涉足活塞製造領域。

對於「你尊敬的人物有誰」的問題，本田的回答中必有他曾經的老闆亞特商會的榊原侑三。當時，ART商會的修理業務並不只限於汽車，還包括摩托車。在那年頭，不管是汽車還是摩托車，都只有一小撮有錢人才消費得起，那時汽機車基本上都是進

口貨。在日本路上跑的大都是琳琅滿目的外國車——有大規模量產的車型，也有小規模生產的高級車型，有跑車，也有外形稀奇古怪的車……ART商會承接各式車型的修理業務，對求知欲旺盛的本田而言，這裡可謂絕佳的實習之地。

HONDA第二代社長河島喜好曾說：「本田老爹（HONDA的員工們愛稱本田為「老爹」）對汽車機車機械的知識面不但寬廣，而且深入，讓旁人常常驚嘆。他對機械結構非常精通。在ART商會當學徒時，以及後來經營ART商會濱松分店時，他通過『實地』『實物』『實際』的方式，掌握了這一切。他不光有理論知識，且有實際操作經驗，從焊接到鑄造等各方面，都是能工巧匠的級別。像我們這些只有書本知識的人，實在是望塵莫及……」

第二章
白手起家的追夢人

公司職員遇到社長不必起立敬禮，他只要拼命地工作，就是對社長的最高敬意。虛禮無用，工作要緊。

工作是為自己工作，不是為別人工作。所以說，有人認為他是為公司工作，這就不對了。因為能為自己工作，而在工作上找到樂趣，這就是他本人的幸福，也是公司的幸福。有人為工作而工作，不是為自己的幸福而工作，世界上沒有比這種工作更無聊的事了。

——本田宗一郎

1．開始自立門戶闖天下

宗一郎在ART商會汽車修配廠一共待了六年，前三年可是學徒生涯，後三年就成了獨當一面的技師，他不僅全面掌握了相關技術，也掌握了汽車的結構、修理方法以及駕駛技能。由於老闆的賞識，竟允許他出去開分號（以前老闆允許學徒開分號，代表技術合格、得到認可之意。分號並非連鎖店，不必付任何權利金或費用而是完全自立門戶的經營，只是沾了本店的光，可以增加信譽）。於是，他在離老家不遠的濱松掛起了「ART商會濱松分店」的招牌，自己經營汽車修理生意。那一年，他才22歲。

「ART商會濱松分店」的字號聽起來十分氣派，但其實就他和一個小學徒兩人忙裡忙外。換言之，整個分店就兩個人。但父親還是由衷祝賀他，作為賀禮，父親還送給他一處山林房產和一袋米。

當年他在開業時，整個濱松不過兩三家同行。而在開辦初期，他雖說是老闆，但

看起來只是一個剛過「徵兵體檢」年齡的小阿哥，因此旁人往往覺得，「那個毛頭小子，會修什麼汽車？」這導致這家ART分店常常接不到客戶。

隨著時間的推移，其他修理廠修不好的車到他這裡就修好了，所以他們店的口碑就一點一滴積累了起來，最後甚至有人「傳謠」說道：「ART商會濱松分店不管什麼車，不管什麼問題，全都能修好。」承蒙大家的厚愛，分店的經營終於邁入正軌，開業的一九二八年的年底，他算了算總帳，盈餘有了八十元。

那是開張的頭一年，僅僅22歲的宗一郎看到這八十元的利潤，感到無比欣喜。於是下定決心，這輩子一定要攢夠一千元，就更加拼命工作。由於他熱愛機械，手也靈巧，因此除了熱衷於改良手頭的工具和零件，還喜歡研究和製作等。

像是之前提過的關東大地震時，當時的卡車也好，轎車也好，輪輻都是木製的。他關注到了這點，於是想出了「鑄造輪輻」的點子，並申請了專利，還在專業博覽會上展出，結果大受好評，當時甚至出口到了印度。

到了25歲時，每個月賺一千元對他而言已是輕而易舉。雖然22歲時，他還在想著一輩子攢一千元呢！可在短短數年後，他每個月賺的都不止一千元了。這時，店裡的員工增至50人左右，汽修廠的規模也不斷擴大。

隨著收入的大幅增加，不過，浪漫的他娛樂消費支出也愈來愈高，「節約攢錢」的想法不知不覺被拋到了腦後。他很大氣，本來就討厭玩樂時小裡小氣、畏畏縮縮的。「又不給他人添麻煩，花的也是自己的錢，天經地義！」在這一想法的驅使下，他出手闊綽、不會小鼻子小眼睛，在這方面可說是很受歡迎的「豪客」！

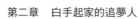

當時他年輕和有錢，於是喜歡包下藝妓，與她們飲酒、唱歌、歡鬧……還帶著她們四處遊玩。拜這段經歷所賜，他雖然完全沒有經過任何專業學習，卻自然而然地記住了三弦曲、短歌和都都逸（一種艷曲，主要是唱男女愛情）的唱腔和唱詞，並且敢在人前大聲唱出來（因為一般人都會認為有點下流低俗而不敢在人前獻醜）。

二十五、六歲時，他已擁有兩輛自用車，當然都是進口貨。他經常載著藝妓，和她們到處戲耍、遊山玩水。

記得有一次，他載著一名雛妓（指新入行、尚未能獨當一面的藝妓），去靜岡賞

花。賞花時，一票人喝了許多酒，回來的路上，在車裡還接著喝。當車子行駛到天龍川大橋上時，他一不小心打錯了方向，車子先是碰到橋欄，導致橋欄的20多個扶手被撞壞，然後整輛車從橋上墜下，栽到天龍川裡。這完全是他醉酒駕駛惹的禍。

幸運的是，橋並不高，車也正好栽在水邊的灘泥裡，他和那名藝妓都撿回一條命。當時，他腦子裡冒出的頭一個想法是「絕對不能再上地方報紙了！」之所以用「再」這個字，是因為在那之前不久，他和稅務署的工作人員因為納稅問題而大吵，當時他氣不過，於是就拿起手頭的水管放水澆稅務員。二十五歲的小夥子過得比四、五十歲的公務員還瀟灑，整日揮金如土，出入高檔娛樂場所，宗一郎覺得對方為難我肯定是出於羨慕嫉妒恨，因此非常不服氣。

結果第二天，當地報紙頭版赫然刊登以「ART商會的荒唐之舉」為標題的報導。

現在如果再來一則「ART商會與藝妓嬉戲的荒唐之舉」的報導，那他真得吃不了兜著走了。於是，他悄悄地把同行的雛妓拉出車、扶上橋，並給了她幾張鈔票：「你先用這些錢叫輛計程車回去，別被人發現了。」可她卻依舊哭個不停，他問她為什麼還哭，結果她說：「我穿的木屐不見一隻了。」

「媽的！別管了，到時候我再給你買新的。」就這樣，總算把她勸走了。這也是他這輩子最深刻地感受到女人對自己物品的強烈執著——手上都有鈔票了，還惦記著一隻木屐，女人真是的……

又是醉駕，又載著藝妓，又是飛車墜橋，由於他「毫不猶豫、當機立斷」，好在沒上報紙，這一頁算是翻過去了。不過這事兒還有個小小的「後續」——

那已經是他已創立東海精機，從事活塞環製造時的一件糗事了。當年正值戰時，他和宮本專務一起乘巴士前往磐田工廠。他們先是坐著，途中有個背著孩子的主婦上車，抓著拉環站著。於是他想把座位讓給她。就在他說出「請坐」的那一瞬間，兩人四目相對。

「啊！這不是本田先生嘛！」

「啊啊，你好！好久不見。」

沒錯，那個主婦便是當年與他一同栽到天龍川裡的雛妓。

一番寒暄後不久，巴士正好開過天龍川大橋，她說道：「當年就是這裡呢！」這

也勾起了宗一郎對那次賞花經歷的回憶。

但在身旁的宮本專務可就丈二和尚摸不著頭腦了。下車之後，宮本追問說：「你和那女人剛才說的什麼？『當年就是這裡呢』是什麼意思啊？」於是，他把之前從未告訴過別人的酒駕經歷，向宮本加油添醋地渲染一番。比手劃腳、講得生動詳細，「呵！呵！原來是一隻木屐的故事啊！」惹得宮本也捧腹大笑。

在戰時，未參軍去前線的青年必須加入所謂「青年團」，其中有個輪班的組織叫「自警團」（其任務是維護社區治安，等於是平民志願保安巡邏隊）。每到冬天，自警團必須從晚上11點巡邏到次日凌晨5點。沒當兵的本田宗一郎作為成員之一，有時自然會輪到他值勤。

不過，少爺宗一郎的夜間巡邏的排場可不一般。

他會召集數名年輕藝妓，讓其中一人敲著竹板兒走在前頭，另外兩人緊緊伴他左右，在寂靜的路上大聲唱曲兒。而此時，在他家裡還有一名藝妓，在熱著酒等他回來歇腳。待他回到家暫作小憩時，她就斟上熱騰騰的酒：「您啊！喝一杯暖暖身子。」

待喝完全身暖和之後，他便再出去巡邏，如此反復幾趟，可謂闊綽豪邁。

街區的長者們對此點評道：「本田這傢伙的夜間巡邏排場大，讓人挺有安全感，這點是不錯！嗯，不過，也太喧嘩了……」

2．熱鬧十足的婚禮

27歲時，宗一郎娶了一位美麗賢淑的夫人，她是位公務員的女兒，也是小學老師磯部幸，當時是他自己開車上門去迎娶新娘的。她村裡的父老鄉親見狀後，向她驚嘆道：「你嫁的是司機啊！」頓時對她心生敬意。那個年代，只有極少數人擁有自用車，就連給人開車的司機都被人高看一眼。

在婚宴上，本田少爺又叫來了幾個熟識的藝妓前來助興，還親自唱起了《龜鶴吉祥調》，並載歌載舞。讓來參加婚宴的增田常務等公司同事驚得目瞪口呆，眼珠都嚇得快掉下來了。還好他荒唐的個性，後來因為有了這位好妻子的「教養」，讓他日後

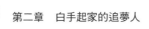

的談吐見地，有了一番令人刮目相看的「進步」。

雖然他當時經常和藝妓們混在一起，可和她們可謂關係融洽，但也曾對藝妓做過很過分的事，至今回想起來都寒毛直豎。

每年5月，濱松都會舉辦「章魚節」——

有一年的章魚節當天，他和一個朋友去高級餐館叫了一名藝妓，三人一起喝酒唱歌。酒過三巡，他們喝多了，女孩大概也喝得差不多了，竟然對兩人有些出言不遜。於是，宗一郎的火氣一下子上來了，對她訓斥道：「你胡扯什麼啊！」接著趁著酒勁，就把她抱起來從餐館二樓的窗口扔了出去。

「啊！著火了！」外面突然火花四濺。

他們伸出頭一看，哦，乖乖！頓時酒醒了一大半，只見那名藝妓掛在了電線上，導致電線短路，我們所在的房間和周邊區域全都停電了。頓時兩個大丈夫醉意全無，趕緊衝到餐館外面，抓住被電線掛著的藝妓的腳，總算把她救了下來。那時正值五月，天氣還有些寒意，幸虧她身上的衣服還比較厚，才逃過一劫！否則，又要搞出一齡「花花大少荒唐至極，年輕藝妓，竟然慘遭毒手！」假如她沒被電線掛住而直接掉落路面，恐怕早就沒命了，而他，也許至今依然在監獄中服刑，自然也不會有什麼後來的本田技研工業了。所以說，千鈞一髮之際得救了，或許是宗一郎本人。

上述事件的藝妓，如今已是一家酒館的老闆娘。因為兩人有這段「患難之交」，所以每次見面只要提起這件事，都讓他依然羞愧難當，抬不起頭來。可是，也因為有這麼「一段情」，所以去她那邊都喝得特別盡興……

可見，他年輕時真可謂是個浪蕩子，但他並不認為這純粹是浪費光陰。正是這段經歷，讓他逐漸認識到深層的人性，而在被人誇讚、逢迎的過程中，他也漸漸體會到人情世故的微妙之處。要問他為何與傳統的認真嚴肅的技術人員有所不同，也許原因就在其中。只要不給別人添麻煩，不花別人的錢，在條件允許下，他覺得趁年輕時如此經歷一番，似乎也不錯。當然，這並非值得提倡……

除了工作，他還經常利用閑暇玩弄和製作各種機械裝置，這本來就是他的一大愛

好。他還自製摩托艇，載著年輕員工和藝妓在濱名湖上暢遊。所以他當時說，「如今流行的所謂『摩托艇衝浪』，是我早就玩過頭了的玩意，對我而言，早過時了。」

在他當時製作的各種東西裡，最讓人難忘的便是賽車。那還是他在東京的ART商會當學徒的時候，有一天，熱愛賽車的老闆對他說：「你試著造輛賽車看看。」作為鐵匠的兒子，他會扳金的技巧，於是每天工作結束後，他便從晚上8點左右忙到12點左右，一邊流著鼻涕，一邊「乒乒乓乓」地敲啊敲。

起初的幾輛試製車用的都是炮兵工廠淘汰下來的舊車（戴姆勒─朋馳的奧克蘭汽車）底盤，然後在此基礎上打造車身。之後，又從位於千葉縣津田沼的航空學校弄到了淘汰下來的「寇蒂斯號」飛機引擎，通過對引擎進行改造，他造出了兩輛賽車。這兩輛車因速度快且行駛平穩，最終在比賽中奪冠。

由於這段經歷，因此在濱松經營分店時，只要一有空，他也會埋頭打造賽車，今天弄一點兒，明天搞一點兒，等到整輛車打造完成後，想實測下性能的欲望，讓他心裡直癢癢。於是，他參加了當時在東京多摩川沿岸舉辦的汽車賽事。對在濱松的他來說，這屬於「遠征」。他出場數次，有時會獲得冠軍，可謂勇於參加、至於奪不奪

標，就無所謂了。

記得那是一九三六年7月，31歲的他參加了在多摩川沿岸舉行的「全日本汽車競賽大會」。當時，他駕駛著自己打造的賽車眼看就要第一個衝過終點，時速已超120公里。就在他要衝刺奪冠的瞬間，一輛途中停下修理中的賽車竟從賽道旁「很冒失」地衝了出來。兩部車子瞬間撞上了它，然後他的車整整翻了三個跟頭。當時，他感到自己的身體在劇烈搖晃，視野中的景物顛倒，緊接著人也被甩出車外，狠狠摔到地上後又一度彈了起來，頓時失去了意識……

等到再次醒來，他已經躺在了醫院的病床上，整張臉劇痛無比。原來，是救護車把他們送到了醫院。這場事故使他左半邊臉嚴重受傷，左手手臂與肩部關節處脫位，左手手腕亦骨折。而事發時坐在副駕駛位的弟弟也斷了四根肋骨。而負責照顧兩人的護士驚訝道：「你們兄弟倆命真大！」一直至後來，宗一郎的左眼旁依然還有傷痕。

他自己打造的參賽賽車在福特車的基礎上改造而成，而跑到的120公里／小時則刷新了當時的日本機動車競速的時速記錄。由於事故，他未能奪冠，但主辦方破格給他

頒發了一個「優勝獎杯」。而他創下的時速紀錄，直至好久之後才被打破。他不禁自問：「想想做人也真是奇妙，有的人慢吞吞地每小時開二、三十公里，卻也會死於車禍；而像我這樣極速狂飆的傢伙，居然能夠死裡逃生！真可謂『撿』回一條命！想想，上天真的是一個公平的裁判嗎？」

日本的賽車活動可追溯至二十世紀初期。起初是摩托車賽車，後來有了四輪汽車競速。從二十世紀20年代起，日本的賽車事業就相當繁榮，遠遠超出如今我們對那個時代的想像。

不僅如此，對於海外的相關賽事，當時日本的汽車雜誌等也予以了詳細介紹，其資訊之廣，跟進程度之深，足以令現代人吃驚。當時，日本的賽車愛好者熟知世界各大賽事，比如作為世界摩托車頂級賽事的英國曼島TT賽，作為世界汽車頂級賽事的歐洲GP大賽、勒芒24小時耐力賽，以及作為美國最大賽車活動的印第安納波利斯500英里大獎賽等。當然，宗一郎也對此非常熟悉。

讓宗一郎步入賽車世界的「引路人」亦是ART商會的榊原侑三老闆。

一九二三年，在他的領導下，其弟榊原真一和宗一郎等幾名學徒一起開始著手打造賽車。在那段學徒時代，宗一郎協助榊原兄弟打造出了「寇蒂斯號」賽車，並以陪同機械師（Riding Mechanic）的身份一同參賽。在一九二四年的第5屆「日本汽車競速大會」上，他們成功的奪得了冠軍。

3．創立東海精機株式會社

28歲那年，本田宗一郎關掉了曾經繁榮一時的自家汽車修理廠，創立了「東海精機株式會社」，志在從事活塞環的生產製造。或許有人會問，明明幹得很賺錢，為何要改行呢？這是因為隨著時間的推移，他手下的員工們也紛紛自己開店，可當時日本的汽車保有量並未顯著增加，因為日本對鄰國發動侵略戰爭、世局十分不穩定，這使得「內捲」式的惡性競爭不斷加劇，他對此較為反感。再加上汽車修理廠到底也就是修理行業，不管技術多好，前景和客戶始終有限，因為東京人不會來濱松找你修車，

美國人更不可能。而且那年日本國內的物資供給日益吃緊，這也促使他決定轉到不那麼耗費多種資材和零件的行業。總之，這是他從修理業轉型到製造業的第一步。

決定轉型後，公司幹部起初強烈反對，導致業務轉型停滯。而那時，他恰巧又得了臉部神經痛，按照醫囑又是打針、又是溫泉療養，導致兩個多月沒法工作。好在其間有人替他說服了「反對派」，公司終於正式轉型。結果好笑的是——之前一直折磨他的臉部神淑痛竟然就好了。這令他吃驚不已！

可轉型歸轉型，製造活塞環卻沒有想像的那麼簡單。無奈之下，他只能去請教鑄造工坊的老師傅，結果對方冷漠地答道：「你半路出家，怎麼行得通？你只能先當學徒，從零學起……」可他原以為活塞環有前途，認為自己能製造，也能賣出去，因此早就花錢購置了相關的生產機械設備，再加上公司裡的50多名員工每月都等著發薪水，所以他根本耗不起時間，唯有取得成功。

當時，為了研究鑄造技術，他與宮本專務每日忙到半夜兩三點。由於沒時間理髮，頭髮長得老長了，只能叫妻子阿幸來廠裡給他剪，剪完後他還能繼續工作。一旦累得不行了，就悶一口小酒，然後躺在暖爐旁邊的席子上打盹兒。這是他一生中，最為殫精竭慮、夜以繼日、艱苦奮鬥的日子了。在這個過程中，他的積蓄見底，還把妻子阿幸嫁妝拿去典當。這樣下去的話，他的家人和員工都會餓死。想到這裡，他更加拼命努力，可研究工作還是毫無進展，他已被逼到了生死存亡的關口。

也是在那時候，他才察覺到了自身的問題——缺乏鑄造方面的基礎知識。於是，他馬上去拜訪濱松高工的藤井老師，求對方予以指導，藤井老師就把同校的田代老師介紹給了他。他拿著自己做的活塞環，請田代老師分析問題。老師看了看，說道：「你這活塞環的矽含量不夠。」他問道：「您說的『矽』是什麼東西？沒它就不行嗎？」可見當時他是多麼異想天開，他連那樣基礎的知識都不懂，居然就先下手要製造出產品了，實在是太魯莽、太胡搞了。鑒於此，他意識到要想取得突破，必須奠定基礎，於是去拜托當時濱松高工的安達校長，讓他成了旁聽生。

在那段創業時期，他根本沒時間玩樂消遣，每天都十分辛苦。但他和員工們都懷揣著希望，相信只要攻克活塞環的製造難題，公司便能撥雲見日、起死回生，否則大家只有去跳河了。因此大家互相鼓勵，共同奮鬥。

一九三七年11月20日，他們終於做出了總算能用的活塞環了。從研製開始到那

天，已經過去了九個月。那是極其艱難的九個月，在這九個月裡，公司沒有生產任何東西，卻要不斷支付所有員工的薪水。

在濱松高工旁聽期間，他一直開著一部日產的達特桑（DATSUN）車子上學。當時，老師們都是用走著來學校，而他這個旁聽生卻開著車子上學，簡直太目中無人了。於是立即遭到了批判。再說到上課聽講，對於老師講的內容，其他學生都全盤接受，且認真地做筆記。可他滿腦子想的都是活塞環的研究，因此在老師講到相關內容和知識點時，他經常有豁然開朗之感：「原來那個失敗的原因在這裡！」「原來這樣就能解決了！」……他雖然喜歡學習這些，但從來不記筆記。而一到考試測驗的日子，他就請假。就這樣過了兩年，直到有一天，學校突然通知他要退學了。

他接到通知就去找校長詢問理由，對方說：「你知不知道，不參加考試的人，學校是不會給畢業文憑的？」對此，他不是礙於面子的強詞奪理，而是發自內心地率直回應道：「文憑什麼的無所謂，我來學校又不是為了文憑，而是為了工作而來學習新知識的。有電影票，就能進影院看電影。可有文憑呢，連電影都看不了。這樣說來文憑還不如電影票。而且即便拿到了文憑，也不能保證一定有飯碗，所以誰稀罕

啊……」宗一郎這傢伙如此「大放厥詞」，惹得校長勃然大怒。

在學校命他退學後的很長一段時間內，他還是會抽空去那裡旁聽。而且這樣不用付學費，也不用費神去「對付」其他「不必要」的科目或考試，只要汲取與工作相關的專業知識和學術成果即可，反而比之前更加方便和靈活。這段學習經歷令他收獲良多，為他日後思考審視事物、追究技術疑點等方面打下基礎。

前面說到，他們公司總算做出了過得去的活塞環，但為了接下來的量產和商品化，他們又一次陷入了命懸一線的苦鬥——正式銷售合格率較低。比如，為了給大廠豐田汽車供貨，他們做了3萬多個活塞環，而在對方抽取50個檢驗產品中，只有3個合格，實在夠淒慘的。那段時間，靠著把大部分「不良品」活塞環賣給其他中小企業，總算才勉強維持住了公司的運作。

隨著戰爭局勢的變化，日本國內的物資限制也愈發嚴格，連建廠用的水泥都買不到。於是，他只能自己去收集原料，自製水泥，用來給工廠築地基。

之後，他們的產品合格率逐步提升。兩年後，他們終於正式成為豐田承認的合格活塞環供應商。基於此，豐田在戰時通過向東海精機注資，擁有了東海精機40%的股份，使東海精機株式會社成為資本高達120萬元的企業。至此，他們的活塞環生產製造業務已經邁入正軌，且初具規模。當時，豐田汽車委派石田退三先生（豐田汽車工業株式會社會長）擔任東海精機株式會社的董事。

可是，「輝煌」並沒有持續太久，一九四五年，濱松地區發生了大地震，東海精機株式會社的工廠倒塌，機器設備也損壞了一大部分。

4．毫不留戀過去，重新開始的魄力

這是本田宗一郎如何從製造助力自行車到摩托車的故事。

一九四五年，戰爭結束後，原本量很大的活塞環訂單全沒了。作為東海精機株式會社股東之一的豐田公司勸他成為其麾下的專屬零件供應商，可他斷然拒絕，並把自己所持的東海精機股份全都賣給豐田，抽身走人。

戰時是出於無奈，他才受制於豐田公司，既然戰爭結束，他便打算遵循個性，做

自己喜歡的事。況且當時有傳言說GHQ（駐日盟軍總司令部）命令拆解大財閥和大工廠企業，若情況屬實，豐田恐怕亦在其中之列，因此還是及時抽身為妙。

通過向豐田出售東海精機的股份，他獲得了45萬元現金。拿著這筆本錢，他開始思考接下來做什麼，可一直想不出答案。當時世道不穩，著急也沒用，所以他打算先觀望一年，於是整天吹著尺八（洞簫），從白天玩到晚上。

當時，在東海精機工廠所在的磐田地區有一家酒精廠。宗一郎咬咬牙，以1鐵桶1萬日元的價格買了些其生產的醫用酒精。戰爭剛結束時的1萬日元可不是一筆小數目。他把鐵桶搬到家裡，擅自私造合成酒，然後不斷呼朋喚友來家中共飲。

當時，磐田成立了警察學校，宗一郎也受邀擔任其科學技術科目的非正式顧問。當然，這是沒有薪水的志願行為，可當時他無聊到不行，所以這正是個解悶兒的好方法。於是，他就大大方方地提著私酒，去那裡喝喝酒，下下將棋，有時胡吹亂謅一通，倒也與大家相處愉快。

那段時間，他的確沒做什麼正經工作，但在玩樂之餘，也嘗試了不少事情。當時糧食緊缺，於是他在濱松海岸以海水為原料，用電製鹽，然後拿著鹽去和農民換米。

當時，1升鹽能換1升米，這可讓他很開心。由於他是技術出身，製鹽手術比一般人靈巧，製出的鹽質量也更好。

家中的妻子和孩子卻為此而擔心。在他們眼中，認為這個做父親的整日遊手好閑，根本沒有認真工作和創業，甚至認為他得了「戰後腦殘症」——因為日本戰敗投降而變得一蹶不振，許多國民都「心灰意冷」，覺得人生沒什麼指望了！可宗一郎自己心裡清楚，雖然他在玩，但並非漫無目的的瞎玩，而是在不斷思索下一個事業。

對於上述那段歲月，他妻子阿幸夫人說：

「他當時把所持的東海精機的股份都給了豐田公司，變成了無業遊民。他對我說：『日本軍部不可一世的時代總算過去了，孩子他媽，你姑且先養我一段時間。』結果他真說到做到，一點兒活都不幹了。那可是糧食最緊缺的時候，除了他，家裡還有3個正在成長的孩子，我只得在自家院子裡耕地種菜，去農村的娘家那裡去討米……可他倒好，就算人在院子裡，也什麼都不幹，連雜草都不幫忙拔，有時就在踏腳石上呆呆地坐一天。隔壁鄰居給他取了個綽號，叫『兩手不動

的仙人』。而到了晚上，他便招呼朋友來家裡。有個熟人偷偷賣給他一桶酒精，他每次就舀出些招待客人。他當時唯一還像個一家之主的地方，是想到把麥子和杉樹葉在鍋裡炒了之後放到酒精中，製作山寨威士忌，不過實際動手的是我。他只會抱怨『麥子炒太焦了』之類的，也就口頭指揮挺在行。後來聽別人說，他做出了製鹽的機器、製冰棒的機器等，可他本人什麼都不跟我說，也從未給家裡拿過一撮鹽或一支冰棒。」

後來，宗一郎首先著手的是紡織機械，當時有個說法叫「吱嘎吱嘎萬元戶」——在濱松，只要有一台織機，收入就很可觀了。這也體現了當時服裝及面料的極度匱乏之。而當時的主流織機是梭織機，只能做水平往復運動，生產效率較低，所以他尋思著製造能夠水平縱向雙向運動並快速織出寬幅織物的轉子式織機。

說幹就幹，他在之前購置的位於濱松的一塊約600坪的土地上，蓋了50坪的鐵皮屋，創立了「本田技術研究所」。

可由於他之前整日玩樂，手頭的資金也沒剩多少，因此難以撐起製造織機這樣的

大部頭。於是他放棄了製造轉子式織機的念頭，轉而把目光轉向助力自行車。當時，日本軍隊戰時使用的無線步話機附帶的小型發電用的引擎到處都是，他低價收購了不少。通過把這種引擎裝在自行車上，便造出了助力自行車。

那是一九四六年9月的某一天，有一次，他去一個朋友家拜訪，才偶然邂逅了一種小型引擎。當年，本田在經營ART商會濱松分店時，那位朋友在經營一家出租車公司。而在本田去那位朋友家中做客時，正好看到有人寄存在那裡的陸軍用的老式6號無線步話機配套的小型發電用引擎。本田一看到它，腦中就立刻湧出了點子。

這一偶然的邂逅，決定了本田將來的目標，也成為日後HONDA誕生的契機，因此可謂他人生道路上的關鍵瞬間。本田原本就是汽修工，對引擎再熟悉不過，再加上他的發明天賦，使他當時靈感閃現——「這小型引擎可以作為自行車的輔助動力。」

給自行車安裝助力引擎的構想之前就有。在英國等西方國家，助力自行車早就十分風行。如果追本溯源，摩托車本身就發祥於裝上助力引擎的自行車，所以，助力自行車近乎摩托車的鼻祖、原型。但由於日本對其進口數量極少，因此只能說是「有過」而絕非「普及」。

而在戰爭剛結束不久的那段時間，日本的公共交通體系一度劣於戰前，自行車不但是普通民眾唯一的私有交通工具，也是搬運大件物品的載貨工具。如果在它上面裝個助力引擎，那該有多麼輕鬆、多麼方便！就這樣，本田發現了寶藏級的商機，既能造福大眾，又能賺錢贏利，而且還是自己最為擅長的領域。有個關於本田的廣為流傳的故事，說他拿家裡的熱水袋充當助力自行車油箱。這其實就發生在這個時期。

本田幸夫人對此回憶道：

「有一天，他騎著一輛助力自行車回家，一進門便對我說：『孩子他媽，我造了輛這玩意兒，你試著騎騎看。』後來他告訴我，他看我每天蹬著自行車去買米買菜非常辛苦，心中不忍，所以才發明了它。可我知道，這是他事後想出來的漂亮話，或許他心裡真的有點兒這樣的想法，但主要目的還是想看看女人能不能駕馭它。換言之，我就是他實驗用的小白鼠。當時，因為要去人流較多的大路上試騎，所以我特意換上了最乾淨的勞動褲。結果騎了一圈兒下來，我那條最好的

勞動褲變得滿是油污。於是，我對他說：『孩子他爸，你這車子不行啊，客人買了後，肯定會上門來罵人的。』話這麼一出口，我以為他會像往常那樣用『少囉唆！別多嘴！』之類的話來吼我，結果他居然破天荒十分謙虛地接受道：『嗯，有道理，要改改才行。』」

經本田查明，是汽化器的混合油汽倒吹導致褲子被弄髒。按照幸夫人的意見，本田在之後正式銷售的車型中進行了相應的改良，杜絕了類似問題。

結果，該產品一炮打響！當時，日本的公共交通一片混亂，火車和巴士的擁擠程度完全超乎如今日本人的想像，因此，本田在推出自製的助力自行車後，全國各地的自行車經銷商和黑市交易商等都來購買，銷售簡直火爆極了。由於賣得太好，之前囤積的小型引擎沒多久就用完了。

反正他原本就喜歡製造機器，既然如此，他決定乾脆自己造引擎。決定之後，他買下了一些在戰時遭到轟炸而被別人擱置不用的相關生產設備，經過一番修理後，開

始著手製造引擎。

至於啟動資金，雖然感覺有點兒對不起父親，但他還是毅然賣掉了他開ART分號時，父親曾費苦心購置送他的山林房產。

在那個戰後物資匱乏的年代，父親儀平也勤勞殷實地幹起了老本行——打造鍋釜之器具，分給左鄰右舍和附近的村民。

而他那時製造成功的引擎，便是日後HONDA摩托車引擎的基石。至於他決心打造助力自行車的另一個根本動機，則是源於當時他所感到的出行不便——原來，他每次出去玩都是自己開車，可當時汽油緊張，自用車很難加到油，而火車或巴士又擠得不行，於是他打起了改造自行車的主意。

他想出的在自行車上裝小型引擎的創意果然一炮而紅！起初月產兩三百輛，後來由於需求太大，每月產量增至一千輛左右。有的自行車經銷商和黑市交易商大老遠地從栃木、岡山等地趕過來買我的車。這種助力自行車的確非常實用，尤其適合騎著去採購大米等重物，他自己當時也經常騎著它去妻子的娘家。不過由於當時該車的不少用戶是交易商，因此也在一定程度上影響了它的形象，不少人說「那是黑市交易商騎的玩意兒」。

其實，在他準備著手打造助力自行車時，家人和朋友的意見並不統一，其中有各種批評反對的聲音。有的說，今後的汽車的使用量肯定會不斷提高，還是再開汽車修理廠有前途；有的卻說，現在是汽油緊缺的時代，哪有人會去騎什麼助力自行車……

對此，他堅持道：「正因為現在缺汽油，所以才需要油耗低的助力自行車。哪怕加的是從藥店買來的揮發油，也照樣能跑。」

就這樣，他毅然下定了製造小型引擎的決心。

研發小型引擎的參與者起初只有10人左右，其中的主力是他和弟弟本田弁二郎，以及身為本田技研工業核心幹部之一的河島喜好君。河島君從濱松高工畢業後，就立刻加入了公司。在研發小型引擎的過程中，他負責繪製設計圖。

一九四八年9月，本田宗一郎以100萬日元的資金，成立了「本田技研工業公司」。他以這種A型馬達為基礎，經過不斷改良，一九四九年8月成功開發出具有劃時代意義的D型馬達。D型馬達雖然屬於二行程98cc的小型馬達，卻相當於三匹馬

力。裝上這新型馬達，一九四九年8月，集本田公司全體員工智慧的第一輛輕型摩托車的試製工作終於完成了。該車被命名為「夢想號」，寓意是「以速度寄托自己的夢想」。這是從機動自行車到摩托車的一次質的飛躍，也是本田公司發展史上的一次質的飛躍。

後來當上本田技研工業第二任社長的河島喜好入職於一九四七年，他也是本田招收的第一個應屆畢業工程師。當時，他坐在本田家中的被爐裡接受面試。

對此，幸夫人曾回憶道：

「當時我家主人（宗一郎）對河島先生說：『我們這裡目前給不了符合學校畢業生標準的薪資。』可他卻說：『沒關係』。」

對於當時的情況，河島本人則坦言道：

「那時可是一九四七年，是就業形勢最差的時候。說實話，當時我根本不計較薪資，只要有個和工程師沾邊的工作，不管哪裡都成。老爹當時是濱松有名的機械師，因此我希望能在他麾下工作。再加上當時我的家在毗鄰山下町的元目町，步行（到本田的公司）只要5分鐘，所以也沒有通勤成本。在入職初期，薪資的確很低，有時還會遲發，不過好在我當時還是個靠父母養的單身年輕人，所以問題不大。如今回想起來，我當時真是好運。簡單面試後，老爹就當場敲定了，他對我說：『你明天就來上班吧！』」

河島後來還補充說道：

「還有一件事，令我印象深刻。有一天，阿幸夫人來到山下工廠的事務所。我見夫人來了，便問同事：『發生什麼事了嗎？』主管財務的男同事告訴我，夫人說本田不給家裡一分錢，連生活必需品都買不了，所以她來借錢了。至此，我才知道，在發錢這件事上，老爹是以我們這些員工為優先，自己的老婆孩子反而排在次要的。不敢相信吧？他就是這樣的人。」

可不管助力自行車油耗多低，也抵不過當時少得可憐的汽油配額。在日本，戰時的汽油配額就已經很低，而戰後的情況亦無改善。個人如果使用配額限度之外的汽油，便會因違反物資管制令受罰，這導致民眾極度缺乏「汽油自由」。對此，他努力思考對策，後來聽說在戰時資源匱乏之時，日軍曾在飛機用的航空油裡摻松油充當燃料（從松樹針葉，樹枝中以蒸餾方式而提煉出來的松脂汁液，可做為燃料）。了解到這些他乾脆買下了一座松林山，用來自產松油，然後拿來勾兌從黑市買來的汽油。

由於這種「混合燃料」有一股子濃濃的松脂味，因此被盤查時，只要故作冷靜地說「我車子加的不是汽油，是松油，不屬於限制物資」，便能逃過處罰。可這種靠氣味蒙混過關的玩意兒畢竟是合成的貨，自然無法與純汽油相比，這也導致一些用戶給出了反感。但普通民眾總是傾向於相信「完美的便宜貨」，所以當時不少人甚至從北海道和九州等地趕來，捧著現金爭相購買。

有一天，為了獲取松油，本田和同事們像往常那樣在松樹紮根處挖洞，然後埋下炸藥準備爆破。可不知哪裡出了問題，爆炸引發了火災。火勢一度很大，似乎要吞沒整座山。這讓本田緊張死了，他們必須趕在消防局發現之前把火撲滅，否則就慘了。

於是，他們拼命滅火，最後總算成功將火撲滅，雖然他自己因此蒙受了火災的損失，但還是鬆了口氣。

隨著時間的推移，他心中逐漸萌生了打造摩托車的想法。搭載小型引擎的助力自行車畢竟行駛速度較慢，耐久力也不夠，因此他十分想打造擁有堅固車身和較大馬力的摩托車。在這一想法的驅使下，他凝聚了研究所全員的智慧和能力，於一九四九年製出了本田的第一輛摩托車「夢想號」。

本田之所以為它取這個名字，是基於「把夢想寄托於速度」之意。當時慶祝時，他和同事們乾杯用的都還只是劣質的濁酒。可僅僅十多年之後，HONDA已成長為擁有五千多名員工、年度銷售額目標在一千億日元左右的企業。當年本田要借5萬日元都夠嗆，如今要向銀行借個10億日元也都輕輕鬆鬆了。因此，從經營的意義層面來說，也是夢想成真、開始站在飛翔的起點了……

第三章

本田的技術、藤澤的行銷

我成功的全部秘訣，就在於永不模仿別人，永遠立志創造出別人從沒有過的高質量產品，正是這樣不懈的努力，才走上了汽車產業的巔峰。

我討厭模仿。所以我們公司都是以我們自己的做法去探索的，為此我們也吃盡了苦頭。雖然趕超他們之前我們花了不少時間，但是，在趕超之後，我們技術上的領先就形成了彼此之間的差距。我們從一開始就選定了艱苦奮鬥的方向，所以是先苦後甜。模仿只圖一時的舒服，日後就會叫苦不迭。作為一個科研人員，認識到這一點的重要性是尤為關鍵的。我現在還是這樣想的，模仿一次，就會永遠模仿下去……

——本田宗一郎

1．進軍東京，開發出四衝程引擎

正當宗一郎雄心勃勃、想成為世界摩托車王之際，一九五四年遭受了巨大的打擊。首先是資金周轉出現了困難。隨著新建、擴建工廠，本田宗一郎大量購進了機器設備，但貨款支付發生了困難。當時公司的資本額為六千萬日元，而投資在進口設備上的資金要高達四億五千萬日元以上，不難看出這筆資金之龐大。在年初的每一天，公司都有可能倒閉，由於藤澤武夫的努力，公司總算度過了這一難關。緊接著第二次危機，「佳普」車銷售量大幅度下降。「佳普」車是自行車後輪裝上一個輔助引擎的機動自行車。主體是自行車，不耐用，引擎越好，車子耐久性越差。由於「佳普」車存在的問題反映出來，於是殃及「夢想」、「奔利」、「天使」等的銷量，真可謂四面楚歌，公司的主要產品都不約而同接連跌使。

公司瀕臨破產倒閉，本田宗一郎夜以繼日改進產品的性能，提高產品的質量。通過分析估計出問題發生在引擎的汽化器上，本田宗一郎反覆精心研究汽化器，最後終

於成功地研製出了高功率引擎的汽化器。

後來，本田宗一郎回憶說：「當時，被一種可怕的氣氛所困擾，即公司將會破產倒閉！」在這樣的逆境中，本田宗一郎沒有喪失信心和勇氣，沒有分散注意力。可以說，越來身處逆境，他驚人的信念、氣概和毅力越能充分地表現出來。由於經受了挫折的考驗和痛苦的磨煉，本田宗一郎終於站到了飛躍的起跑線上。

當人們在評價本田公司的主要成員時，當時最常聽到的一句話是：「技術的本田社長，銷售的藤澤專務。」

說到宗一郎和藤澤武夫的相識，是在「夢想號」打造完成的一九四九年8月。

當時，本田公司的摩托車大受好評，這邊剛生產出來，那邊就賣出去了。看著自己辛苦鑽研的成果受人喜愛、為人所用，本田宗一郎感到無比喜悅，賺錢倒是次要了。不知不覺中，HONDA已成長為月產千輛的摩托車企業，可他們的經銷商依舊是規模較小的自行車行、試圖趁「戰後亂世」發橫財的黑市交易商，以及一些有門道的復員軍人，可謂極不穩定。雖然把銷售本田產品的老主顧們稱為「不穩定分子」似乎

不太恰當，但當時整個日本社會都呈現出不穩定的世相，本田亦是受害者。有的店鋪昨天還在營業，供貨之後等第二天上門去收款時，發現店面已然關了，店裡空空如野，老闆連夜捲款逃跑，不知去向……在這樣的情況下，他們雖然賣出去很多車，但也有不少貨款收不回來。

再這樣下去，他們也要被逼到破產了。當宗一郎為此犯愁之際，當時的HONDA常務的竹島弘把藤澤武夫介紹給他。藤澤武夫以前在日本通產省工作，而本田的生意屬於通產省的主管範圍，因此藤澤對本田的處境很清楚——雖然不斷有新發明、新產品，但苦於應收款問題而難以周轉。

有一天，竹島弘對疲於奔命的本田說：「錢的事情，就交給藤澤應該沒問題。這樣一來，你肩上的擔子會輕一點，就可以專注於你熱愛的技術領域了。」不久，竹島便安排了本田和藤澤見面。

本田一直喜歡與性格和能力各異的人共事。在東海精機株式會社時自不必說，甚至在那之前，他便認定絕不與自己性格相同的人合夥。既然和自己一樣，那有他一個就足夠了。哪怕大家朝著同一個目標邁進，也應該發揮各自獨有的個性和特質。

兩人第一次見面之後，本田覺得藤澤這個人很不錯。雖說藤澤在戰時製造過加工刀具，但在機械方面，藤澤完全是個一竅不通的門外漢。可一談到銷售，藤澤真可謂是一個出色的專家。換言之，藤澤擁有本田所不具備的特長。就這樣，在初次見面時，本田就力邀他一起捲起褲管，下來蹚上這道希望之泉。

說到這點，本田一直認為，一個人倘若無法和與自己性格迴異的人相處，其自身的社會價值亦會打折扣。雖然這世上也有親兄弟等經營和把持的家族式企業，但企業若想謀發展，則應「不拘一格尋求人才」，假如重用是自家親戚，便會停滯不前。鑒於此，在他看來，本田技研工業的下一任社長必須是有能力維持公司運作、並使公司進一步發展的人。只要滿足該條件，別說日本人，哪怕讓外星人來當也都沒問題。

於是，一九四九年，「夢想號」打造完成，藤澤專務也開始負責公司的銷售工作。第二年3月，本田技研在東京設立了營業處，作為進軍東京的據點。至於本田為何會有這樣的想法，是因為他覺得：「像我這樣的人在濱松那種小地方，總會招來各種干擾的雜音。」當時，他經常繫著紅色領帶，開著汽車或騎著摩托車旁若無人地四

處轉悠，十分招搖，引人不得不注目，且常常半夜一兩點才回家，引得鄰居十分不滿。對於這種早出晚歸、每晚喝醉的生活方式，他自己覺得沒什麼問題，可家中的妻子阿幸似乎受不了輿論的壓力。

於是，本田聽到老婆說，周圍人都在議論：「本田家的男主人老是繫著紅領帶，每天都很晚回家，還喝得酩酊大醉，該不會有什麼情況吧……」

如此這般……說得本田好像有外遇一樣。但宗一郎認為，一個人只要不給別人添麻煩，就大可安心「做自己」，因此他從不在意旁人的評判，只管走自己的路。但如果一直待在那種「是非之地」，則真要令人窒息。長此以往，連自己的個性都無法發揮，更別提萌生新的設計理念。在這種壓抑的環境下，宗一郎認識到，必須去更加開放包容的地方發展，所以他決定進軍東京。

於是，一九五〇年9月，他在東京的北區上十條建立裝配工廠。換了新地方後，果然他的精神狀態也煥然一新，投入工作的熱情也愈發旺盛。

本田認為，俗話說，「一方水土養一方人。」如果一直待在閑適偏僻的小地方，

造出的產品也會變得土裡土氣。而一想到這回總算搬到了充滿靈感和刺激的大都市，他便感到神清氣爽。事不宜遲，他立刻向政府申請在東京建立摩托車裝配工廠，規模為月產300輛。沒想到被通產省「請」去談話。

當時負責審批的官員訓斥道：「月產300輛？這簡直是天方夜譚！你當真以為能賣出去那麼多摩托車？」對此，業內的同行也對本田大肆嘲諷：「本田這麼做，應該是為了多拿點兒汽油配給份額，可為此做到這個份上，腦子是不是有毛病？」……可事實呢？後來別說300輛，HONDA都已經月產10萬輛以上了。當年要是說月產10萬輛，搞不好就被送進精神病院了。

在新環境中，本田持續推進研發，結果成功研製出了四衝程的「E型引擎」，替代了原先的二衝程引擎搭載在後續的「夢想號」車型上。首次試駕選的是東海道地區，目的地是箱根。

那天是一九五一年7月15日，風大雨大，測試車從濱松出發。騎手是河島喜好，由他騎著自己親手參與設計及製造的愛車，開啟了新引擎的測試之旅。本田和藤澤專

務則坐在汽車內。從靜岡縣的三島口開始，他們一直跟在河島後面，但河島速度越來越快，以致他們很難跟上。當時，能夠征服被稱為「天下險要」的箱根山路的摩托車並不多，可河島騎的四衝程引擎「夢想號」卻一騎絕塵，把他們的汽車越甩越遠。

最終，河島以驚人的速度一口氣衝到山頂，而且引擎完全沒有過熱。當他們的汽車開到能夠看到蘆之湖的山頂時，河島早已在那兒休息。本田和藤澤專務十分感嘆，下車後，本田不顧暴雨，流著激動的眼淚和河島一同欣喜雀躍。當時，就連以「對技術無甚關心」而出名的藤澤專務都站在車外，任憑風雨吹打，一動不動地發呆地站著——好像發現了怪物一般。

這如電視劇般的一幕，便是本田技研工業發展的里程碑之一。之後，車身邊沿有銀線裝飾的E型引擎「夢想號」非常暢銷。而當時的試駕騎手河島，後來在34歲時成為本田技研工業的核心幹部。

後來，河島本人回憶道：

「其實在那之前，通往山頂的箱根山路就是我們常用的試駕路線。說到那天

測試四衝程引擎『夢想號』，我登頂的信心很足，但因為老爹（本田）和藤澤先生開車跟在我後面，所以搞得我挺緊張，萬一引擎在藤澤先生面前過熱熄火，那老爹的臉就丟大了。那天正好刮颱風，伴有暴雨，大家把我的『事蹟』描述成『暴風驟雨若等閑，最高擋直衝山頂！』可實際上呢，當時天上澆下的雨水，加上地上濺起的水花，反而幸運地為引擎起到了降溫作用。所以我開玩笑說，全靠空冷引擎有了水冷加持。至於『最高檔』衝上山頂的說法，那輛測試車一共就兩個檔位，掛到最高檔也是理所當然。不過那台引擎的確很有韌勁，很不錯。根據坊間流行的傳說，當天我騎著測試車，把本田和藤澤先生乘坐的別克轎車甩得老遠，且在成功登頂後，我和之後趕到的他們倆抱在一起，激動歡呼。可事實並沒有那麼肉麻，我當時穿著雨衣，渾身濕透，所以大家就互相緊握了握手。」

2．穿著借來的燕尾服，接受藍綬勳章

由於搭載了研發成功的E型引擎，本田他們的「夢想號」車型好評度驟升，可因價格在當時比較高，因此無法輕易普及。鑒於此，他開始思考如何對其進行普及。縱觀當時的情況，最為普及的私有交通工具依然是自行車，想到這裡，他就認識到，要盡快打造能夠充當自行車換代升級角色的產品。

於是，他再一次把注意力放到了助力自行車上。之前，他們生產的助力自行車的引擎源自軍用話機附帶的小型發電用引擎，是屬於廢物利用，因此又重又低效。當決定打造能夠充當自行車換代升級角色的產品時，本田也決定研發全新的小型引擎，且從一開始便明確其用途——裝在自行車上的高效引擎。最終，他們研製出了搭載在「小狼號」車型的引擎。而「小狼號」標誌性的白色油箱和紅色引擎的設計，也出自本田大師的手筆。

說起設計，本田起初以為設計只能是藝術家來操刀，但後來仔細一想，似乎並沒

有如此絕對。在他還是小鬼頭的年代，咖啡廳的女服務生美眉都繫著圍裙，且流行能牢牢遮住耳朵的髮型。可如今呢？如果有人以這副「復古」打扮走在銀座街頭，搞不好會被人當成神經病吧。換言之，設計不同於藝術，哪怕被過去或未來的人給不一樣的評價也無所謂，只要能吸引到當下的人們就行了。

而宗一郎以玩家出身，恰巧就是那個極其了解大眾心理的人。他這人比一般人更愛玩樂，且涉獵廣泛，喜歡人間煙火氣，就連街邊的關東煮的小攤子，也是他鍾愛的地方之一，他經常前去光顧，頭窩在桌子上，屁股坐在板凳上，一杯杯地喝酒。因此，他敢大言不慚地說，自己對於大眾心理的理解程度優於常人。既然如此，那麼他也能設計，於是開始動手，沒想到這種異類的「小狼號」的設計居然大受好評。這讓本田對自己的理念更有自信了，本田愈發覺得自己是ＯＫ的。而大眾消費者雖然自己不會設計，但大眾卻具備對市場上好設計的理解力和鑒別力。

當時，即便已上床睡覺，哪怕已是深夜，只要有好的設計靈感從他腦中閃過，他也會立刻叫妻子幸夫人：「喂！去把紙和鉛筆拿來。」

記得那是一個冬天的夜晚，當他進了臥室後，就一直在想事情，可外面街上叫賣拉麵的小販的喇叭聲一直在耳中揮之不去，使他無法集中精神。小販也是為了生計，不吹喇叭便無法引人注意，那麵可就賣不出去了。於是，他叫妻子把那小販的拉麵全都買下來。

當然囉！當晚的喇叭聲消失了！可害得老婆到處去拜託鄰居來吃拉麵！

一九五二年，他因為發明了上述小型引擎而獲得了藍綬勛章。當時，本田申請的發明專利已達150個，可在聽到政府要給頒藍綬勛章的消息時，他的第一個反應是錯愕，然後打趣道：「沒想到政府裡也有迷糊蛋，居然選我這種人授勛……」由於天皇會出席授勛儀式，因此宮內廳通知他，儀式當天必須穿日間燕尾服去（燕尾服有分日間、夜間。即通稱的晨禮服、晚禮服兩種）。當時本田連套西裝都沒有，怎麼可能有白天的燕尾服。再說了，他是被表彰的一方，何必要搞得如此沉悶拘束呢？想到這裡，他回應道：「開什麼玩笑？並不只有日間燕尾服是禮服。對像我這樣靠技術吃飯的人來說，平時的工作服就是最得體的禮服。如果不穿燕尾服就不給我授勛，那這樣的榮譽勛章不要也罷！」見他這般牢騷，作為分管部門的通產省的相關官員可犯愁

了，他們對本田說：「我們會替你搞定燕尾服，當日請務必穿著去。」

其實，他只是因為沒有燕尾服而鬧彆扭而已，既然人家都說到這份兒上了，他也只好恭敬不如從命了。可結果呢？還是藤澤專務替他借了套燕尾服。畢竟是借的，這套禮服對本田來說尺寸有點小，穿著有點緊。可沒辦法，當天他也只能穿著它去　席授勛儀式。那是他生平頭一回穿燕尾服。不過他接受勛章時的紀念照倒拍得挺好，看起來完全不像是穿著借來的衣服，朋友們看了照片後也消遣他說：「你還挺適合穿燕尾服的嘛！」

當天，藍綬勛章的授勛儀式結束後，高松宮親王（即宣仁親王）又在高輪（地名）的光輪閣舉辦了晚宴，犒賞獲得勛章的人士。席間，宗一郎才發現在場的受勛者多是年老之人，當時46歲的他，已經是其中最年輕的了。

這時，高松宮親王走過來，親切地對他說：「本田君，搞發明和創意，想必是非常辛苦的吧？」

他答道：「殿下或許這麼認為，但我是出於熱愛，因此不以為苦。俗話說，『有情人相會，千里變一里』，在旁人看來也許勞心勞力，但我本人其實樂在其中，因此做夢也沒想到自己能獲此殊榮。」

「有情人相會，千里變一里」這句俗話，也是在藝妓口中學到了，他當時是不假思索脫口而出的，所以也不知道這個即興的引用是否恰當，是否能讓高松宮親王意會到——他並不是故作輕浮，只是這句話真的很貼切、很傳神。

日本有各種榮譽勛章表彰制度，比如人們較為熟悉的文化勛章等。不知是否因為表彰的是過去做出的貢獻，受勛者多為「古董級」的老者。這時，本田心想，「如果能把榮譽勛章頒給將來具備潛力的年輕人，即便其未來遭遇失敗，至少也能起到激勵作用，而對社會而言，其益處不可估量。」

對於他的這一看法，高松宮親王亦持相同意見。記得在授勛後的晚宴間，親王看到一眾出席者後，說的第一句話便是：「怎麼盡是『古董』啊？榮譽勛章應該多多頒給年輕人哪！」這讓當時坐在他周圍的達官顯貴們面露難色，但這句話讓本田打心裡尊敬高松宮親王。因為他覺得，這體現了自己進取的一面。

以這榮幸的見面為契機，後來本田在火車和飛機上也遇到過高松宮親王好幾次。而令他印象最為深刻的，是在數年後的一場車展上。

當時，親王蒞臨車展，見到本田後說：「咱們日本的大臣等高官們天天喊『支持國貨』的口號，即便國產車質量再差，也故意力推，還自己主動乘坐，這其實是不對的。不好的東西就是不好，如果政治家對國產車不加袒護，敢於直言『這種垃圾沒法坐』，反而能刺激國產車企努力研發，咱們的國產車才會進步。」親王的話，可謂一針見血。

他還邀請親王在某天上午10點蒞臨埼玉工廠參觀。到了約好碰面的那天，本田想提前15分鐘去恭候應該沒問題，可他到了後才發現親王已經到了。在他趕到之前，可苦了廠裡的員工們。高松宮親王到了卻不見老爹本田出現，搞得他們驚慌失措。本田一出現，仍不改嘻皮笑臉的本色。「咦？殿下您已經到了啊，和約好的時間不一樣呢！」面對本田的打趣，親王答道：「嗯嗯，今天比較空閑，所以意外地來早了。」見親王如此隨和，廠裡的員工們這才如釋重負地舒了口氣。

那天，高松宮親王參觀了他們廠生產的摩托車，其間說道：「我小時候也很迷摩托車，還弄來哈雷、印第安、凱旋等外國廠牌的車型目錄認真研究過，可後來父母也沒給我買。」親王說這些時，表情有些許遺憾，也有些許懷念往昔的感傷神色。而本

田則回應道：「這樣啊。也對，畢竟殿下出身太貧寒了，自己口袋也都沒裝錢啊！」這話惹得旁邊一票人都笑了起來，而笑得很大聲又很開心的正是親王宣仁。

3．掌櫃藤澤武夫經營的真本事

現在只要說起本田技研工業，不少人想到的是大公司也是好公司，似乎他們的發展之路好像一帆風順。其實就像其他許多企業一樣，他們也曾經歷關乎生死存亡的艱苦歲月。

一九五一年，許多民營企業打算讓政府提供扶持，振興出口，並出面限制外國貨的進口，於是召開了以此為主旨的民營企業企業家聯盟會議。但本田並未參加。不僅求政府幫助出口，還求政府把外國貨擋在國門外，對於這種貪圖安逸之舉，讓他很反感。在本田看來，這些問題終究應該靠技術解決。如果日本製造業技術先進、產品優良，那買進口貨的人當然就少，而出口額則躺著都會增加。當時他便下決心，一定要

以身作則，向世人證明「良品無國界」的道理。換言之，本田技研工業要提升技術實力，研發出世界一流的高性能引擎，從而通過市場化來實現少進口，多出口。

話雖如此，但赤手空拳無法造出好產品。日本有句格言叫「弘法大師不挑筆」，意即，書道高手並不需要挑好的毛筆。書法或許是如此，可在日新月異的技術領域，「筆」還是必須講究的。因為不管多麼優秀的創意，假如沒有相應的工具加持，只能是紙上談兵。尤其在涉及大量生產時，工具設備顯得愈發重要。鑒於此，本田宗一郎當時得出結論——必須進口外國先進的機械設備。

當時，美國的對日援助的資金（通稱「美援」）大都花在了進口豪華車、威士忌和化妝品等不具備產出性的消費品上，而用於進口具備產出性設備的款項可謂寥寥無幾。於是，他心想，如果本田技研工業自己進口一批生產設備，哪怕之後公司倒閉了，留下的這批設備也能為日本的製造業做貢獻。這樣的想法或許有點感傷，但他至少確定了一點——無論如何，他都不會讓原本屬於日本國民的外匯打了水漂。

另外，全球市場自由化的趨勢不可當，是被進步的世界淘汰出局，還是冒險進口新銳生產設備以求一搏？我選擇的是後者。既然進退皆險，作為企業的經營者，哪怕

只有一絲希望，也應選擇前進之路。於是，在當時本田技研工業一共只有六千萬日元資本金的情況下，本田宗一郎毅然從瑞士、美國和德國等發達國家進口了包括斯特羅姆（Strome）自動車床在內的一批生產機械設備。

當時運氣實在不佳，正好碰上一九五三～一九五四年的大蕭條期。本來從國外採購設備的行為就被旁人視為魯莽之舉，而在那樣的經濟環境下，銀行更加不願意向他們公司放款。無奈之下，他只得採取「用票據換時間」的策略來渡過難關。簡單來說，就是產品一賣掉就回收貨款，然後拿它們去支付設備採購款。這種險招，加上大蕭條，使得藤澤武夫不得不為資金周轉而奔波。那段時間，藤澤可真是不眠不休，拼死路為活路……

「大家看，本田這個『戰後派』浪蕩子又開始胡來了……」當時，本田既要承受各路記者的口誅筆伐，又要想辦法收款、還債、再收款……而就在此時，藤澤武夫為此想出了一套獨特的銷售模式——在產品出貨後的十幾天內，全數回收貨款，而且其中75％為現金，剩下的是票據。但此票據並非由批發商開具，而是由購車消費者開具，並由批發商或代理經銷商予以背書。直至今日，本田技研工業依然沿用這種銷售

模式，它是他們在艱苦歲月中得出的智慧結晶。

總之，為了撐過那段困難期，他專注於打造能夠馬上暢銷變現的產品，藤澤專務則專注於思考能夠快速回收貨款的方法。整個公司都團結一心，志在努力戰勝危機。而這份努力，日後亦成了本田技研工業的無形財富，比如進一步高效周轉資金的手段，節約時間、重視效率的企業文化等，皆源於此。毫不誇張地說，本田技研工業的江山，是在那時打下來的基礎。

一般來說，從外國進口用於生產的機械設備時，只有等到設備通關並運至採購方所在的公司或工廠後，相關技術人員才會翻開說明書參看，學習設備使用方法等相關知識。但如果是借錢購置的話，這麼做就會拖慢創收還債的進度。鑒於此，他提前準備好了放置相關設備的廠內空間，並努力完善一切準備工作，從而保證設備進場的當天便能開機運作。

他當時預估，既然購置的是之前未曾接觸過的精密機械，那麼靠大致有數的粗放型預備知識自然不行，於是本田硬要相關操作人員提前吃透全部相關知識，此舉在後來大幅促進了公司生產技術水平的提升。

不僅在採購進口設備時如此，在向其他國內合作商採購部件時，他們也會提前設定好規格，比如含碳量等，並在到貨時即刻質檢，從而保證它們能夠馬上投入使用。這一舉措也提升了供貨合作商的工廠管理水平。

現在看來，當時專注於高效運轉設備，早日還清貸款的態度，最終營造了本田技研工廠反復強調時間，始終重視效率的企業文化。

總之，在他努力通過「下血本」引進新設備來壯大本田技術工業的那段歲月，藤澤專務真是極度辛勞，所以至今仍然對那段艱難的日子感慨不已。本田由於負責技術方面，因此不算太苦。

據藤澤武夫說，那段歲月讓他想到了竹節的成長。竹子若長在溫暖處，則各竹節的間距會變長，導致不耐風雪，較易折斷；可竹子若長在寒冷處，則各竹節的間距會變短，從而使竹子堅固，能夠抵禦風雪的摧殘。在他看來，本田技研工業在一九五三年至一九五四年的艱難期，正如讓竹節間距變短的磨礪期一般。是為了日後本田企業的成長，埋下了茁壯堅實的基礎！

4・不屈不撓的努力與毅力邁向世界第一

世界著名的摩托車大賽，在英國曼島（Isle of Man）每年都會舉辦環島機車耐力賽，又稱「曼島TT賽」。當時，世界各國的優秀車企和騎手都會齊聚於此，展開技術和車技的較量。由於參賽者必須一口氣完成長達420公里的賽程，因此「取得優勝」不僅是車企和車手的夢想，亦是一種榮耀。鑒於此，宗一郎決定讓本田技研工業參與這項賽事。在一九五四年3月，他向代理經銷商們宣布了該決定。

本田這麼做的目的有兩個：一、是希望通過技術升級來擴大出口、減少進口。如果不能在曼島TT賽這樣的世界頂級賽事中奪冠，就無法在全球範圍內從義大利、德國的摩托車廠商那裡奪取市場份額；二、是為了致敬和效仿游泳健將創下世界紀錄的古橋廣之進。古橋就憑藉出色的成績給日本國民帶來了一些自豪感和希望。這麼說或許有點煽情，但他當時的確覺得我們本田技研工業也應擔負類似的使命。

對於日本戰後初期的滿目瘡痍，如今的人很難想像：當時火車到站後，人們會打

破車窗，直接爬上跳下。可就是在那個時期，古橋廣之進在游泳比賽中打破了既有的世界紀錄，給當時的日本人帶來了極大的安慰和勇氣。他雖不像古橋那樣體力過人，但他懂技術，若能憑藉技術在世界「擂台」上取得勝利，其帶給日本人的希望，尤其是對年輕人的積極影響，則不可估量。再加上是充滿動感的賽車運動，一旦獲勝，不僅能擴大產品出口，還能增加日本人對日本貨的自豪感。

於是，一九五四年6月，他去英國實地觀看考察了曼島TT賽，結果令本田目瞪口呆。德國的NSU、義大利的Gilera等性能卓著的賽車以極高的馬力馳騁賽道，在相同汽缸容量的條件下，這些車的馬力居然是他們本田技研工業當時生產的車型的三倍。他心想，「完了！自己向代理經銷商們吹出的這個牛皮可真的有點兒大了！奪冠的夢想，究竟不是在玩泥巴打仗呀！這玩意究竟何年何月才能達成啊……」他暗自嗟嘆，一半是悲觀，一半是驚愕。

但這種情緒只限於他剛觀賽時，沒過多久，他那天生不服輸的「蠻勁」就又抬頭了。既然外國人能做到，日本人就沒有做不到的道理。為此，必須回歸基礎，從頭研發。回國後，他立刻成立了研發部門。

在回國前，他遍訪了英國、法國、德國、義大利等製造摩托車技術發達的國家，一股腦兒地買了許多當時日本沒有的賽車專用部件，包括輪圈、輪胎、汽化器等。這麼一聽，似乎挺像賽車手的采風旅行，但在旁人看來，這種行為無疑顯得十分怪異。到了回國的那天，他從羅馬機場乘機時卻碰上了問題。

航空公司有規定，乘客的行李一旦超過30公斤，就會以公斤為單位，對超出的重量收取高額托運費。雖然他早就知道這點，但手頭的美元在購買賽車專用部件時幾乎都花完了，因此他提前在旅館裡做足了「功課」：整理好了30公斤的托運行李，剩下的輪圈、輪胎等則背在身上，再把較重的金屬製品等裝在法國航空贈送的隨身行李包內，作為帶上飛機的手提行李。沒想到羅馬機場居然連手提行李都要稱重，而他的手提行李加上托運行李，總重40多公斤左右。可他之前用僅剩的錢給公司發了一份「今天我回國」的電報，因此當時已是身無分文。這下子可讓人犯愁了：該如何是好呢？

「我來時明明不稱手提行李的，為什麼出發時就要稱了？」面對本田的抗議，負責檢查的工作人員說道：「我們規定要算總重的。」對方語氣強硬，絲毫不予通融。本田只好胡扯一通，他反駁道：「那好，既然你說算的是總重，那你看看那邊那個女的。她胖得恐怕連飛機座椅都坐不進去，顯然比我的總重要重得多吧？可你們卻給她放行！」不過，對方仍然不為所動，堅持說規定就是規定。

這樣耗下去毫無意義，錯過航班就麻煩大了，而當時他要搭乘的那班飛機已經準備關艙門做起飛前的滑行了。情急之下，他只得打開手提行李，拿出裡面所有的東西，靠扛、拿、掛，通通放在身上，然後指著空空如也的手提行李包向負責檢查的工作人員問道：「這下子總行了吧？」此舉讓對方也吃了一驚，終於鬆口：「這樣可以。」「什麼叫『這樣可以』？害得老子一番折騰，總重還不是一樣？」時間緊迫，如此發火也無濟於事。那是7月20日，正值羅馬的酷暑季節，身上掛的東西又重又悶，捂得嚴嚴實實的他，感覺頭都有點兒暈了。「過關」後，他不得不把東西再塞回手提行李包。前一晚在旅館裡費神費力、統籌空間後塞得滿滿當當的東西，要一下子再「歸位」可不是那麼容易。當時他汗如雨下、又熱又急，真是遭罪透了。

與機場人員的鬥智鬥勇，也是源於他「誓要在曼島TT賽中奪冠」的信念。外國人有句諺語叫「羅馬不是一天造成的」，可沒想到首次羅馬之行就給了他一個「下馬威」，急得這位老兄簡直差點就回不了家。不過自不必說，有汗水才有收獲，他辛苦

帶回國的那些賽車專用零件，在後來發揮了重要作用。

本田回國後成立的研發部門，其實是對之前分散在各工廠的設計科的集中統一管理。一九五七年6月，他將研發部門整合為技術研究所。一九六〇年7月，他又將其從公司中徹底分離出去，使其成為獨立的「株式會社本田技術研究所」。這麼做的動機，源於曼島TT賽之後發展為「徹底推進研發工作」的理念。

在不斷的努力研發下，他們於一九五八年製成了2汽缸125cc和4汽缸250cc的競速摩托車，並於次年6月參加了125cc級別的曼島TT賽。當時，他們獲得了第6名，對初次參賽的車隊而言，這已經算佳績了。

一九六一年，他們終於在曼島TT賽中奪冠，還獲得了團體優勝獎。不僅如此，同年，他們還在西班牙、法國、西德等地舉辦的摩托大獎賽中奪冠。至此，本田宗一郎當年的夢想——「立志打造世界一流摩托車」終於實現了。

第四章

雄心萬丈，展開波瀾一生的企圖

模仿，就是把人家的研究成果據為己有，製造出一模一樣的商品。雖然模仿得維妙維肖似乎很不容易，但是世界上沒有比模仿更加快樂的事情。能把它模仿成功，不是很快樂嗎？

話雖如此，模仿是先樂後苦。因為一旦嘗到了這個滋味後便欲罷不能，只要有一次模仿成功便不想自己創造了。這樣，不想自己創造而專事模仿，永遠走在人家的後面，世界上還有比這種事更痛苦的嗎？無法超越人家，或製造出人家要向你模仿的東西，怎麼會快樂呢？

——本田宗一郎

1．進軍美國與歐洲，紮根並融入當地社會

一九五九年，本田宗一郎的個人年收入已達到四千萬日元，本田技研工業公司的市值也達到二十億日元。從此他躋身於日本「億萬長者」（富豪）排行榜的前茅。

到了一九六〇年，本田技研的總公司搬到東京火車站前八重洲口，這是自行建設的辦公大樓，資本額也增加為66.4億，成為一家大企業。本田宗一郎的年收入達到1.18億日元，在當年日本的富豪排行榜上名列第8位。

一九六〇年，本田技研工業公司生產的摩托車突破了149萬輛的記錄，出口6萬輛，居世界第一，終於成為世界一流的摩托車公司。一九六五年，本田技研工業公司在日本國內204家機車廠商中脫穎而出，奪取了日本第一和世界第一的摩托車廠商稱號。本田宗一郎成了促使摩托車業成為年銷售收入達30億美元的行業偶像。他富有創意的設計和推銷方式是使摩托車業發生根本變化的催化劑。本田技研工業公司在產品上始終處於領先地位，從而改變了摩托車業，併在摩托車業占據優勢地位，無論在當

時還是在以後，沒有另一家公司能與本田技研工業公司媲美。如今，本田技研工業公司仍是世界上最大的摩托車製造商，在全世界摩托車的銷量中，每4輛當中就有1輛是本田摩托車。

於是，一九五九年6月，為了促進出口，本田宗一郎在美國洛杉磯成立了「美國HONDA Motor」公司。當時的日本大藏省給予了本田公司50萬美元的匯款出境額度許可，而在該許可批下來時，大藏省的官員叫本田帶著日本員工去美國，理由是「日本人心氣相通、知根知底，用起來方便，工資也不用開很高」，但他對此表示反對。

本田認為，在美國，如果不支付符合美國當地水平的工資，就不可能在當地做好生意，且上述官員的建議完全是對日本人赤裸裸的壓榨。本田可不想帶一堆日本人去「拉小圈子」。既然要進入美國市場，就應該雇用當地人，按當地人的規矩辦事。買地建公司，紮根當地，然後再開始做生意，這是經典的商業成功法則，而他也是如此實踐的。拖家帶口遠赴洛杉磯HONDA Motor工作的日本員工只有5人，而美國公司150人左右的銷售團隊是清一色的美國人，並為公司做出了卓越的貢獻。

在美國HONDA Motor成立之初時，有這麼一個小插曲。

當時，他們去拜訪當地既有的摩托車經銷商，想委託對方在店裡展示並售賣他們的車。當他們道出他們的銷售目標7500輛時，對方贊同道：「這個目標定得不錯，應該能實現。」可隨著交談的深入，他們逐漸有現彼此對銷量的理解並不一致。

經過他們再三確認，才知道對方把這7500輛理解為年度目標，而他們的本意是月度目標。當聽到本田公司的目標後，對方態度驟變：「每月7500輛？這怎麼可能？真是天方夜譚！」這名經銷負責人之所以堅決否定，是因為太拘泥於老派美國人對摩托車的固有觀念。

美國在很早之前就有諸如「印第安」等優秀的摩托車製造商，隨著汽車的日漸普及，摩托車市場迅速凋零，甚至落入了隨時可能消亡的境地。但縱觀當時的美國，摩托車的用途已不同於往日，之前那種移動代步需求的實用屬性幾乎不復存在，取而代之的是趨於純粹玩樂的休閒屬性。

與之相對，先前作為奢侈休閑品的汽車卻完全變成了一種代步工具，而日漸擁堵的交通也讓美國人感到了開車出行的「痛苦」。在這樣的大背景下，一些美國家庭在外出自駕遊時，會把摩托車放在車上，等開到目的地後，再改騎摩托車，或者探索和用在汽車開不進去的地方，或者深入垂釣勝地……所以說，摩托車並未被汽車所「驅逐」，而是接替了汽車原先在消費者心中的位置——休閒品。

基於這一現狀，本田宗一郎決定讓美國HONDA Motor另闢蹊徑，乾脆委托沒有銷售摩托車經驗的運動用品店和漁具店等來銷售他們的摩托車。在某些州，他們還開設了直營店。結果銷路極好，申請加盟的經銷商也日益增多。後來，HONDA的代理經銷商門店多達五、六百家，而HONDA月產的10萬輛摩托車中，出口的大約有2萬輛，創匯三百萬美元左右。其中最大的出口國是美國，即美國HONDA Motor所開拓的市場。可見，固有觀念害死人，它會導致人誤判局勢、故步自封。

之後，一九六一年6月，他們又在西德的漢堡成立了「歐洲HONDA」。

基於和成立美國HONDA Motor時相同的理念，歐洲HONDA的日本員工只有2人，剩下的皆為當地人。不僅如此，一九六二年1月，本田還派遣了七、八人的考察團出國調研HONDA進軍歐共體市場的合適地點。而根據調研結果，他們最終決定在距離比利時首都布魯塞爾以西20公里的一處空地建廠。相關手續都已批好，相關工作人員也於7月18日前往當地。根據計劃，到一九六三年2月，該工廠便能正式投產，並且達到月產1萬輛的規模。

在比利時建廠等於占據了歐共體的地理中心，因此，西德和義大利的同行們勢必感到威脅，時時「監視」著他們的下一步棋。而他的應對方針是「思想引導技術，思想先於技術」。比如，根據當地購車者的喜好、體型以及政策法規，對產品採取全新的設計和結構調整等，不沿用既有套路。

在針對比利時市場設計車型時，曾有這麼一段插曲。由於當地環境較好，空氣中灰塵較少，因此工程師們建議取消空氣濾清器，本田當場表示反對，命令他們必須安裝空氣濾清器。在比利時建廠生產的目的何在？是為了賺比利時人的錢，然後拿回日本去？作為進軍海外的企業，假如如此地鼠目寸光、格局渺小，那勢必會被當地人厭惡，事業亦不會成功。鑒於此，既然在當地建廠紮根，則首先必須考慮如何造福當地人。只有做到這點，才能將市場從比利時拓展至荷蘭和盧森堡，而在這三國站穩腳跟後，才可將產品出口至其他歐共體國家。

此外，由於比利時在非洲擁有較大的影響力，因此出口非洲勢必也是我們必須思

考的戰略。而非洲比日本更加塵土飛揚，所以摩托車裡的空氣濾清器自然是不可或缺的必需部件。由此可見，決策判斷不可單純基於技術，而必須以思想和理念為指導。

前面提到過，一九六〇年7月，本田宗一郎將本田技術研究所獨立了出去，成立了獨自運作的同名公司。這樣做有兩個理由。第一個理由是很清楚，研發皆是會不斷遭受失敗的，必須做好「99％可能失敗」的心理準備。而若將這樣的組織置於本田技研工業中，鑒於公司的高效生產，追求利潤的體質，技術研究所難免淪為公司的「媽寶」，而無法持續開展高水準的研發工作，因此他毅然決定將其分離出去。

另一個理由是基於兩者的結構區別。在生產屬性的組織中，團隊比個體更重要、更關鍵；而在研發屬性的組織中，比起團隊，個體能力的發揮更重要、更關鍵。所以，研究所的組織結構也必須有別於以生產為目的的公司和工廠。

本田技術研究所獨立後，收入來自本田技研工業銷售額的3％（每年平均20億日元），作為回報，研究所向本田技研工業提供設計藍圖，等於是一種「賣設計收錢」的運營模式。倘若由於研究所的設計缺陷而導致本田技研工業蒙受損失，則研究所必須承擔全部責任。這完全不同於其他以培養出多少博士為自豪的純學術研究所。

之後，本田技術研究所擁有667名研究員，每月的運營成本大約1.8億日元。據統計，在研發費用方面，美國企業平均花費其銷售額的3.1%，西德則是2.4%，而一般日企卻不到0.1%，反倒在招待費上開銷很大。而HONDA則不同，招待費極少，但研發費用則可匹敵美企。不，嚴格來說，研發費用的大頭並非資材，而是人工。鑒於美國的用人成本高於日本，因此他們在研發方面投入的銷售額的3%，實際上已經超越了美企的平均水平。

一九六〇年8月，他們還在三重縣建成了鈴鹿工廠。前一年8月，本田和藤澤與鈴鹿市市長會面，選定了能抵禦颱風和洪澇的一處地勢較高的空地作為廠址。之後，他們馬不停蹄地突擊建設，終於在一年後實現了開工生產。和濱松工廠一樣，鈴鹿工廠也滿足了無窗、無塵和冷暖空調完備的條件。有的企業管理者認為幹部辦公室應該冷暖空調完備，工廠車間無此必要，對此宗一郎不敢苟同。在他看來，對工廠內「塵埃對策」的怠慢，會影響生產製造技術的發揮。「不能要馬兒好，又要馬兒不吃草！」為全體員工提供適宜的勞動環境，亦是企業經營者的義務之一。

2．作風粗獷、心思細膩、尊重理論

早年說起本田宗一郎這個人，社會上的印象往往是「不可靠的戰後派」「做事大膽率性，浪漫過頭了」等，其實，對於企業經營，本田一直非常謹慎。縱觀其他企業，絕大多數都是先建廠，再生產產品，而他則是先試製產品，在確定其具備銷售前景之後，才會一口氣投入資金。就拿鈴鹿工廠來說，起初是因為成功研發了50cc的「超級小狼」，經過一番調研認證，加上對各種數據的分析討論，在確認兩年半到三年後能回本後，他才毅然決定投資建廠。

不僅如此，他們還在全國範圍內選出了兩三處模範銷售試點，將這些地區作為新產品的集中中轉點，驗證其實際效果，從而推測出能夠在全國範圍內售出多少萬輛的業績。正是通過這一系列的銷售測試，他們也才最終將廠址選在了鈴鹿市，開始著手與鈴鹿市進行用地交涉。

他們最終選定的廠址位於一處高地。那裡其實是鈴鹿海軍軍工廠的遺跡，因此土地平整，最適合建廠房。本田和藤澤也就操心到這裡，定下廠址、獲得用地後，關於工廠建設，他們並不插手，而是毫不猶豫地放手交給年輕人去幹。因為宗一郎對年輕人的創意和活力充滿期待，所以下達了相應的指示：「憑藉全體員工的創意和努力，把鈴鹿工廠打造成HONDA的模範工廠。」之後，就全由平均年齡為二十四、五歲的員工們在各自的崗位上出謀劃策：與建築相關的出建築方面的點子，技術研究所的人出技術方面的點子……每個人都從自己的技能和工作出發，合理思考，群策群力。就這樣，造價將近百億日元的鈴鹿工廠最終順利建成。可以說，這是我們HONDA年輕員工的「集大成之作」，亦是HONDA的驕傲。

另外，針對小狼車型的大規模量產，圍繞如何進一步降低成本的問題，他也徹底徵求了年輕員工們的意見。因此，鈴鹿工廠在開始生產小狼車型時，一切都有條不紊，在售價不變的情況下生產成本大幅下降，因此利潤率自然增加。既然他們是在保證品質的前提下靠本事縮減成本，那麼哪有不賺這筆差價的道理？於是，這造價百億日元的大工廠僅僅在兩年半內便回了本，而公司財務也計劃在四年內完成廠裡所有機械設備的折舊。

對於年輕人，本田一直給予較高評價。在他看來，那些整天嚷嚷「年輕人浮誇墮落」的傢伙們，完全沒有意識到自己的思想有多麼古老落後。年長之人如果不能反省自己的所作所為，如果不懂反思自己的思想和行為是否與現代社會合掛，便沒有資格批判年輕人。就拿他來說，雖然乍一看是個行動古怪、不按規則出牌的傢伙，但其實不管做什麼，他都有自己的原則和道理。換言之，只要有相應的意義，不管是西方人所忌諱的「13號的星期五」還是星期六，他都會立即行動，才不管其三七二十一的。反之，哪怕是大家都在做的事情，他也不會毫無理由地盲目跟風。也正因為如此，「尊重理論」的風氣才能在我們公司內紮根。

這種「尊重理論」的風氣在紀念公司創立10周年之際亦有體現。按照約定俗成，到了10周年都要紀念，不管是瀕臨倒閉的企業，還是以乞討為生的無業者，只要幹了10年，就都可以舉行紀念儀式。這也太奇怪了！鑒於此，當時有下屬提議——既然要舉辦紀念活動，就應該有值得紀念的造福社會之舉，否則就談不上紀念。

他們公司在一九五二年進口了價值百萬美元的生產用機械設備，而這筆採購用的外匯原本屬於日本國民。他們既然用了這筆錢，就必須承擔起相應的義務。而在盡到這份義務之時，便是我們有權慶祝之日。後來，在他們公司出口總額突破百萬美元大關的一九五九年，即公司創立11周年之際，本田包下了新宿的KOMA劇場，叫來全國各地的HONDA員工，舉行了盛大的紀念儀式。

身為企業經營者，既然用了國民寶貴的外匯儲備，就應深知責任重大，從而努力出口創匯。如果大家都能做到這點，日本社會就不用整日為國際貿易逆差而吵嚷。換言之，他認為，如今日本經濟形勢低迷的責任應由一些大企業的經營首腦承擔，是他們忘卻了基本的經營理念。

與之前相比，當下的經濟環境大幅惡化。縱觀日本的許多大企業，其中不少為了進行生產調整而費心犯愁。在他看來，到了這個節骨眼兒上才想起生產調整，未免為時已晚。本田技研工業早在一年前的三月時便果斷開展生產調整活動。雖然當時遭到了一些外界的非議，但他是在審時度勢後做出的決定。所以說，他其實並非別人想的那樣我行我素，所做的決策也並非「胡搞瞎搞」。

首先是美國政府轉為「美元防衛」的保守型經濟政策讓我預見到日本經濟將會受到影響，其次是一九六〇年末至一九六一年初日本遭受了極為罕見的大雪，這使得日

本三分之二的地區陷入交通癱瘓，導致他們的摩托車銷量下滑。鑒於此，他覺得這正是企業進行生產調整的好時機。既然他們公司的生產方式是預估生產而非接單生產，那麼一旦碰到生產太多賣不出去的情況，予以調整是理所當然的，不調整才不正常。

但是，選擇何時調整很關鍵，也很敏感。如果在二月份啟動調整，則天氣依然寒冷，離春暖花開還有較長時間，代理經銷商們也會感到不安；而如果在天氣逐漸變暖的早春時節啟動調整，由於社會氛圍也趨向於「陽光」和「景氣」，因此代理經銷商們也不會過度恐慌。鑒於此，最終本田他們決定咬牙撐過二月，在三月才啟動生產調整。換言之，他之所以如此抉擇，完全是為了顧及代理經銷商的感受。

他們最終定下的生產調整時長只有5天，但在付諸實施前，他們做了大約一個月的準備工作。準備工作包含方方面面，比如當時公司由於急速增產，各種設備和部件存在不少明顯的「非均衡問題」；由於各生產分包商的能力差距，導致交付的部件在精度和價格等方面參差不齊……

只有在弄清這些既有問題的基礎上，全體員工才能在為期5天的生產調整活動中糾正它們。為此，事前他周密地計劃前期準備工作，並要求大家認真執行。

等到正式開展生產調整活動時，別說歇工了，大家比平時還忙，全體員工都在徹底調整之前發現的不合理之處，包括變更設備位置、檢修維護機器等。在完成生產調整後重新開工時，不光產品質量提高了，生產成本還降低了。更令人求之不得的是，當時的日本經濟還處在低迷前的好勢頭，其他同行都還傾向於擴充增產，所以即便他們為了生產調整而暫時停工，而他們的生產分包商還能接其他地方的訂單，因此並未受到負面衝擊。

他們當時未雨綢繆進行的生產調整，亦徹底改良了公司體制。在一片「經濟不景氣」的哀號中，HONDA反而有底氣增產。常言道：「好的矛槍手不是出槍快，而是收槍快。」道理很簡單，如果不趕快把刺出去的槍收回來，就無法以萬全之策去迎擊下一個敵人。公司的調整和改革亦如此，倘若礙於面子，便難以做出敏捷的反應。而等到走投無路時再被迫調整方向和戰略，則為時已晚。

像以往農村財主家欠債後的衰敗過程與之類似：先是不引人注意地偷偷變賣庫房裡的財物，接著拋售離家較遠的糧田，即使已經難以支撐，也依然不願惹眼地賣掉房子，而是先將房子抵押低款，可由於此時已無產出，而利息卻越滾越高，最終等到房

子被收時，不僅一無所有，還欠下一屁股債，可能都還要演出「夜逃」（即務債人怕債主逼債，趁半夜逃跑）事件，真是愚蠢至極！

縱觀日本的企業經營者，像上述農村財主般愚蠢的人並不少。平時把「企業家與員工同心同德」掛在嘴邊，擺出一副重視員工的姿態，可一旦經營陷入困境，便立即倒退至舊時軍隊的作風，把「撤退」稱為「轉移」，對下屬報喜不報憂。而本田一直堅持「全體員工皆為經營者」的理念，所以一直強調大家皆有參與企業經營的權利和義務。也正因為如此，在不得不進行生產調整時，本田宗一郎也會向全體圓工坦露實情、明示對策，並呼籲大家一起克服困難。

本田宗一郎還說——

> 我被貼的標籤之一是「戰後派企業家」，但在我看來，什麼「戰後派」「戰前派」皆無意義。凡是做企業，自然必須獲得許多人的支持，包括喜愛我們公司產品的消費者、以及給我諸多建議的友人知己，還有在危難時刻伸出援手的銀行、合作工廠、經銷商，當然最重要的是我們的堅強後盾——HONDA的年輕員

工們。

首先，我認為企業經營的根本是平等。將員工職位分為三六九等絕不可取，偏心袒護、任人唯親更須杜絕，因此我從不把員工叫到自己家裡。一個人的家，類似於一座私密的城堡。倘若公司老闆或高層把員工帶到自己家裡，往往容易滋生派系之類的小團體，而這好比是企業的「癌細胞」。同一學校畢業的「學閥」，同一地方出生的「故鄉閥」……這些都要不得。硬要說的話，我們HONDA只有一種「閥」，那就是「小學畢業閥」。這是因為日本的義務教育制度規定，凡是日本人，不管什麼出身，都應接受義務教育，因此，該派閥不具排他性，也就光明正大。

此外，經常有人將我的經營風格評價為「陣頭指揮」。在我看來，社長的職責在於監督整體，包括監督高層幹部的決議是否順利實施、對於突發事故的處理是否恰當等。當處理環節產生問題時，社長應於幹部及時溝通，討論相跡的解決對策。如果在這些方面都做到位，那麼社長並不需要事事「陣頭指揮」。也正因為如此，我偶爾才去公司總部露臉。至於社長的印章，我從未見過，甚至連它是

四方形還是三角形都不知道。

與之相對，我大多數時間都泡在研究所裡。我熱愛研發工作，這麼做也等於在造福公司。有的人建議我偶爾娛樂娛樂，比如打打高爾夫放鬆一下，但擺弄機械是我天生的愛好，因此，對我來說，這工作本身就是一種娛樂。

在報紙上連載上述手記（指「我的履歷書」經濟新聞）的這段時間，許多人給我寫信。其中有激勵、建議、敘舊。這也給了我自我反省和懷舊的機會。

或許因為我這個人經常說一些豪言壯語，使得一些年輕人把我視為我行我素、勇往直前的「現代英雄」。想到我的能量能感染年輕人，我當然很欣慰，但我從不把自己視為英雄。在我看來，歷史上那些所謂「英雄」，其實多是靠犧牲民眾來成就大業之人。比如西鄉隆盛，他或許算英雄豪傑，但對於他人生晚期的所作所為，我並不認同。不管有什麼理由，他都不應該牽連數以萬計的年輕人，害他們失去寶貴的生命。

在給我的來信中，有一封來自東京世田谷的一位女士。我與她素不相識。她在信中寫道，她從三年前開始經營一家重度智障兒童的收容所，在看了我的奮鬥

事跡後，她堅定了擴建收容所的決心。這封信令我十分感動，沒想到我的回憶居然能成為別人的動力。在我眼中，像她這樣的人才是我們這個時代的英雄。

還有一點我想澄清，我這人一直行事魯莽，雖然在別人眼中，我可能算「成功人士」，但我取得成功的部分，其實只是我所有嘗試的1%。換言之，其他99%皆是失敗。在持續失敗中結出的這1%的碩果，方才成就了今日的我。我絕對不會忘卻在失敗過程中給許多人帶來的麻煩、造成的困擾。

人生不到最後，便很難定成敗。再以西鄉隆盛為例，雖說他有很多偉大之處，但對於他人生末期的所作所為，我並不敢苟同。至於我的夢想，永遠是未完待續的，不僅是兩輪車，我還想研發四輪車，乃至飛機，但這一切也必須經過嘗試才知結果。就拿飛機來說，不管其飛行性能多麼優越，假如在最關鍵的著陸環節發生事故，給許多人帶來麻煩，則依然是不合格的。而評價一個人一生的功與過亦是如此，待我死了之後，世人對我的評價，也許才是真正意義上的『本田宗一郎』吧！」

3．披星載月，生命就是要以不斷挑戰的姿態出現

一九六二年，正值第二屆池田內閣（池田勇人，一八九九～一九六五年）剛結束，日本經濟邁入了高速成長的軌道，民眾生活日漸富裕，松下電器開始引入每周雙休的制度，休閒娛樂文化興起。那一年3月，接收NHK（日本放送協會）電視台信號的電視機數量突破一千萬台，全國普及率增至49％。此外，東京人口數亦突破一千萬大關。同年12月，首都高速公路1號線的京橋至芝浦路段開通。而在東京市內，煙塵導致的大氣污染問題也日益凸顯。

雖然「岩戶景氣」（一九五八年7月至一九六一年12月間的日本經濟發展高潮期）一度逆轉使日本一時陷入蕭條局面，但本田技研工業由於提前果斷實施了生產調整，因此為下一次飛躍積蓄了力量。而這裡說的「飛躍」，便是其進軍四輪車市場的壯舉。

關於進軍四輪車市場的計劃，本田曾說那是「我將來的夢想」時，只是看似漫不

經心地提了一句。但事實上，當時的相關籌備工作已然「漸入佳境」。一九六二年，不管是對本田的人生，還是對日本人的汽車產業而言，都是一大轉折點。

「我小時候曾經一邊在行駛的福特T型車後面追著跑，一邊把鼻子湊到它滴落在地上的油漬旁，那股氣味令我感到刺激難忘，也在我心中播下了『造車』的種子。」——一九八九年10月，本田宗一郎的名字被收錄進美國的汽車名人錄（Auto Mobile Hall of Fame）時，他說出了這句感言。

而早在一九六二年6月，他就在尚在建設中的鈴鹿賽道召開了經銷商總會，並當場進行了一場盛大的產品演示。那是一輛車體通紅、輪胎邊緣一圈白色塗裝的敞篷汽車，這便是當時HONDA剛打造出來的輕型四輪跑車S360。當時，宗一郎親自駕駛著它，英姿颯爽地從與會者所在的正面看台前飛馳而過。

會場看台爆發出驚雷般的掌聲。當天，不僅是S360，HONDA還展示了一款輕型四輪卡車。這場內部產品演示旨在向HONDA的合作夥伴宣告——在兩輪摩托車市場站穩腳跟的HONDA，就要進軍四輪車市場了。換言之，這標示著本田「造車夢」的

正式啟航。

再回溯至一九五五年，當時，日本政府提出了「打造日本國民車」的構想，並將這款車的基本要求設定為定員4人，最高時速100公里，售價25萬日元。

一九五八年，本田在技術研究所內新設了四輪車研發部。在項目啟動階段，被選中的7名研發人員中，甚至包括擁有飛機和兩輪車研發經驗的中途錄用者（即從其他公司跳槽過來的員工。在那個時代，在一個公司做到退休是日本人的主流思想，是終身雇用以及被雇用，所以轉職和跳槽是比較少的）。他們起初的研發目標，便是研發符合日本政府「國民車」構想的輕型四輪車。

一九五九年，試製車完成，然後進入反復測試階段。就在那時，本田下達了「試著打造一款跑車」的指示。在本田看來，與其爭取政府補貼援助，追隨國內既有車企，不如先獲得世界的認可，造一款展示性能的跑車。

而時任副社長藤澤考慮到當時的市場需求以及HONDA的實力體量，主張先量產輕型四輪卡車。結果導致研發團隊不得不「一心二用」，同時研發四輪卡車和跑車。

本田在當年也曾說：「四輪車不急於量產，除非我們有絕對的自信，對我們的產品有十分的滿意。」雖然他態度慎重，但汽車行業的變化超出了他的預料，可謂形勢不等人。

面對全球貿易自由化的大潮，日本通產省於一九六一年5月發布了《關於汽車產業政策的基本方針》（即後來的《特定產業振興臨時措施法》，簡稱《特振法》）。

它的主旨在於保護日本國內相關企業，政府將當時國際競爭力較弱的日本三大產業——汽車、特殊鋼材、石油化學列為特定產業，以行政主導的方式應對「外國業內航母來襲」。針對汽車行業，政府不僅叫停了新企業的進入，還對既有企業實際集約管理，目的是限制過度競爭、提高量產效果。

具體來說，從進口自由化正式生效的一九六三年起，為了強化日本汽車並業的國際競爭力，政府將它們集約為三大集團，分別是量產車集團（豐田、日產、馬自達），豪華轎車、跑車、柴油車等特殊車輛集團（王子、五十鈴、日野），輕型汽車集團（富士重工、馬自達）。如果新企業要進入，就必須獲得通產省的許可，政府干預色彩極濃。

政府一邊說「集約既有汽車企業」，一邊說「新企業進入須待審批」，這等於是

在宣布「新企業進入的大門即將關閉」。倘若HONDA不能在該法案生效前創造出漂亮的生產業績，就會永遠失去進軍四輪車市場的機會。

對此，本田宗一郎極為不滿，他說：「『不允許新企業進入』是什麼意思？政府無權這麼做！」

一九六二年1月，本田向研究所下達了「打造跑車」的指示，目標是於6月在鈴鹿賽道舉行的經銷商總會上進行實車演示。為了完成該任務，員工們不眠不休，憑藉著年輕人的精力和體力優勢，總算在演示日的前夜完成了那輛S360。

當時，為了與消防車、救護車和警車等相區別，日本國內銷售的民用汽車不允許使用諸如全紅或全白之類的顏色塗裝。但一向喜歡花裡胡哨的「本田老爹」可不吃這一套，有一天，他叫來技研開發科長秋田貢，大聲命令道：「咱們這次出的新車，就要用紅色！」

對此，秋田後來回憶道：「當時聽他（本田）這麼說，我嚇得打了個寒戰。」從那天起，秋田幾乎每天都去運輸省拜訪，為的是獲得使用紅色塗裝的許可。秋田日後又回憶道：「分管的官員對我不理不睬，每次從運輸省回來，我都腳步沉重，害怕見

到本田先生。過了一段時間，他本人在《朝日新聞》的專欄等處發表了文章，對運輸省的行為抨擊道：『紅色是設計之本，看看世界發達國家，哪有政府壟斷顏色的例子！』……」

最後，運輸省總算批下了使用紅色塗裝的許可，秋田得知後，急忙向本田報喜。而本田的反應是：「哦，這樣啊。」僅此而已。

本田一直如此，從不誇張地表揚員工。而且本田當時很清楚，塗裝顏色許可不過是他們需要克服的障礙的冰山一角，橫亙在他「汽車夢」面前的真正障礙，是打著「國家利益」的「國策」的旗號為所欲為的政府官僚權力機構。

於是，試圖通過研發新車來吸引大眾的HONDA和試圖無視其努力的通產省之間，便展開了一場拉鋸戰。

二十世紀60年代，美國不斷對日本施加壓力，要求日本政府放開對美國汽車、電腦和IC（集成電路）的進口限制，實現貿易自由化。作為對策，日本政府將管理日本汽車行業的基本方針歸納為前述的《特振法》，並於一九六三年3月在內閣討論決定

後，向國會提出了議案。

《特振法》的立案和推進者是於一九六一年擔任通產省企業局長的佐橋滋。早在擔任大臣官房秘書科長時，他就以不拘慣例的做事風格而嶄露頭角。進入通產省後，憑藉與生俱來的領導力，他居於「執牛耳」之位。他敵視外資的思想，促成了通產省內部「民族派」的形成。總之，佐橋滋是以手腕強硬而著稱的「非典型官僚」，他主張「官民協作」，試圖通過政府的集約和干預來強化日企的國際競爭力。

而本田天性喜歡自由競爭，厭惡干預管制。他堅信，倘若抱著軍隊或政府的大腿，就無法創造和革新。因此，本田曾直言不諱道：「又不是戰爭時代了，給國家賣命。我之所以拼盡全力，是為了自己的汽車夢。」

基於自力更生「征服全球摩托車界」的經驗，本田當時不斷地正面挑戰《特振法》，他發聲道：「政府介入，只會讓企業變弱。要應對貿易自由化，唯有依靠自由競爭。限制新企業進入有什麼用？良品無國界，好產品自然賣得出去。只有自由競爭，才能滋養產業。」

對此，曾是佐橋部下的前重工局長赤澤璋一回憶道：「當時只要一有機會，本田

先生就會通過媒體來抨擊《特振法》，而他所講的內容會經由記者傳到通產省，當然也會傳到佐橋先生耳朵裡。可以說，本田先生當時的言行舉動，其實還蠻刺激佐橋先生的。」

在那段「反抗」歲月中，本田的確留下了不少敢言的語錄。一九九五年的一檔日本電視節目播放了他生前接受採訪的片段，在採訪中，他對那段歲月回顧道：「我當時實在無法接受（《特振法》），所以大為生氣、大發牢騷，我直接就說：『什麼，《特振法》？我有進軍新行業的權利。只許既有廠商造汽車，我們這些後來的就不可以，哪有如此荒唐的法律？什麼叫尊重自由？誰敢保證大企業永遠是大企業？看看歷史，新興勢力總會成長。既然政府這麼喜歡搞集約、整合、合併，那乾脆讓通產省來當股東，在董事會上發號施令得了！』我還說，我們HONDA是股份制企業，對股東負責，不會理會政府的命令……」

一九六二年10月，第9屆全日本車展在東京晴海舉辦，入場參觀者超過百萬人，這標誌著日本正式迎來汽車普及化的時代。而作為參展商的HONDA，則展示了其首次推出四輪汽車的兩款車型——一款跑車，一款輕卡。

第二年，HONDA打出「猜猜我們的S500跑車售價？」的猜謎廣告，可謂新穎奇特，最終徵集到了570萬個答案。而公布的價格則是低於大部分人的（可能高價）預期——HONDA的S500跑車只賣45.9萬日元。之所以搞這種徵集民意的廣告活動，其實也是針對擁有「生殺大權」的通產省（限定價格）的一種抗戰。換言之，這也是本田的一次對公權力的挑戰與抗議行動。

受《特振法》所迫，HONDA不得不加速進軍四輪車市場。但與本田的高調和聲勢相反，HONDA的生產技術、量產設備、銷售體系等方面顯然尚未準備充分。雖然S500跑車和另一款輕卡都照計劃在一九六三年10月發售，可跑車幾乎賣不出去，另一款搭載了跑車引擎的輕卡也鮮有人問津。

再說到《特振法》，雖然該法先後三次被提交至國會，但由於金融、產業界對政府干預的抵觸，以及反壟斷法的強大壁壘，最終遭到廢棄。而佐橋也轉任專利廳長官，後來又在一九六四年轉任通產省事務次官，與其搭檔的是三木武夫通產相。但由於佐橋態度強勢，因此坊間有「佐橋大臣，三木次官」之說。

一九六六年，辭官的佐橋曾直言：「我既不想當只負責拍手贊成的代議員，也不想當被圈養的幹部。」據說，他辭官是因為厭惡「上頭既定的人事安排。」在辭官後，佐橋整日讀書，過了多年的「家裡蹲」生活，直到一九七二年，他擔任了「閑暇開發中心」（現在的「自由時間安排委員會」）的初代理事長，旨在啟蒙因「工作中毒」的日本人如何享受閑暇時間。

本田和佐橋立場不同，但二人皆個性鮮明、勇往直前。這對「冤家」簡直就像小說中的主角一般。

在佐橋還在擔任通產省事務次官的一九六六年，美國提出了汽車安全基準，對於不符合該基準的汽車，一律不予進口及銷售。圍繞該問題，以川又克二（日產汽車株式會社社長）為代表的日本汽車工業協會和以本田宗一郎為代表的日本小型汽車工業協會之間出現了意見分歧。由於本田依然故我，不依不撓，通產省不得不苦於調停。

對此，佐橋大怒道：「明明是必須一致對美國交涉的時候，可本田卻拼命搞扯後腿的唱反調！」時任重工業局次長的赤澤擔心情況不妙，於是對本田說：「這樣下去不行的，你和佐橋先生當面談一談如何？」就這樣，在赤澤的斡旋下，兩人「梟雄」

初次面對面。見面地點是本田安排的，那是一家位於赤坂的高級日本料理店。

兩人一見面，本田就對佐橋說：「如果讓我造四輪車，我馬上就能把公司做成世界一流的汽車廠商。超過豐田、日產之類的車企，對我而言簡直輕而易舉。」

佐橋聽了，立刻不高興了，他氣得紅著臉說：「真是口出狂言。那不好意思，我先告辭了。」

同席的赤澤和HONDA的幹部們立即過來勸解，好歹讓佐橋不太情願地入了席。或許本田也知道自己做得太過了，在周圍人「唱一個，唱一個」的呼聲下，他便唱起了小曲。對此，佐橋日後回憶道：「他的唱腔渾厚而特別，唱得還真非常不錯！」

對於二人的這次會面，赤澤回憶道：「第二天，本田先生打電話給我，說他昨晚有點兒冒失，叫我向佐橋先生傳達歉意。我告訴佐橋先生後，他也說『自己昨晚有點兒失態』。等於兩個人都挺在意對方的。」這不吵不相識的二位，後來在派對等社交場合相遇時，總是能輕鬆暢談。這大概也是英雄惺惺相惜吧！

4・在F1賽車場上證明本田的實力與挑戰力

「不去賽車，就造出的車子就不會好。在觀眾面前激烈角逐的賽車運動，才是車企邁向世界第一的道路。」

本田的賽車夢，隨著其進軍四輪汽車市場而日益高漲。一九六四年1月，本田宣布HONDA要出征F1世界錦標賽。

F1即Formula One一級方程式的縮寫。一般將F1世界錦標賽簡稱為「F1」，將參賽的賽車稱為「F1賽車」。而Formula（方程式）是「規則、規格」之意。該賽事規定，比賽用車必須是四輪外露、單個座椅的純賽道用車。

為了確保這項全球最高速賽車賽事的安全，其詳細規定限制幾乎年年有修改。目前，對於F1賽車的規定限制包括12汽缸、不加渦輪等增壓器的自然吸氣引擎、排氣量不超過3000cc等。

四輪汽車競賽從十九世紀末便已存在，而發展到世界一級方程式錦標賽這樣的級別，則是在一九五〇年。F1世界錦標賽由國際汽車聯盟（即FIA）主辦，目前已發展為包括歐洲、南美、日本等16站左右的汽車大獎賽，以積分制的形式，讓賽車手以及賽車製造商奪年度綜合冠軍的寶座。

其中，各站的大獎賽皆分為預選賽和決勝賽。在預選賽中圈速最高的車手，便能在決勝賽中獲得首發位置（Pole Position）。在決勝賽中，賽車手要駕車在單圈長度為3～7公里的賽道上「跑圈」，直至跑完300～320公里，中途可以按需更換零件和輪胎。在比賽中，賽車的最高時速可達350公里。這考驗的是車廠的尖端技術，以及賽車手的體力和車技，可謂較量綜合實力的優秀現代汽車運動。

前一年才剛發售一款小型跑車和一款輕卡的車企「新人」，居然要去挑戰全球頂尖的汽車賽事。那些老牌車企都對本田的「蠻勇」不禁感到十分驚愕！

「既然要進軍四輪汽車市場，我還要參戰F1。」在本田看來，引擎的性能最終必須通過速度來體現。因此對本田而言，製造乘用車和參加汽車賽事，既皆為目的，也皆是手段。

同年8月起，HONDA開始著手設計出270馬力的引擎，該目標馬力值是本田老爹親自敲定的。隨著時間的推進，本田對F1的熱情和期待也日益高漲，他甚至說：「既然參賽，不取勝就沒意義。」

在研究所，本田每天還是一如既往的做派——叫來設計團隊，自己盤腿坐在水泥地上，一邊用粉筆在地上畫草圖，一邊和團隊展開討論。

一九六四年2月13日，負責設計引擎的丸野富士也的記事本上寫著這麼一句，「老爹歡顏」。而以丸野為代表的研發人員之所以如此努力，其中很大的動機是為了讓老爹高興。對他們而言，老爹的笑顏便是「人生的意義」。當時，HONDA的金色試制車在荒川的測試賽道上試跑。經過一星期的測試，試製車首次突破了200馬力，達到了210馬力的動力水平。本田一臉滿足地誇道：「哦！可以啊！」

對於那段研發賽車引擎的歲月，丸野回憶道：「老爹自己也在拼命努力思考。他晚上會來設計室，提出建議：『這個這麼改良如何？那個那麼改良如何……』然後才回去。到了第二天早上，他就會來問昨晚建議的修改結果：『改得怎樣了……』並且又帶了新的想法來。所以說，老爹根本就沒時間睡覺。在那種連軸轉的緊張狀態下，

看到試製車跑到210馬力，老爹自然難得心情大好。」

雖然引擎已發成功，但當時的HONDA不具備製造賽車底盤的技術。因此，HONDA起初的計劃是只提供引擎，車身等部分則由另一家歐洲車廠包辦，可那家原先答應合作的歐洲車廠突然宣布不參加F1了。如此一來，一切都只能靠自己了。

於是，HONDA的設計團隊趕出了底盤的圖紙。當時，F1賽車的單體殼為硬鋁材質，因此他們找了家飛機部件製造商，拜托其給車殼打鉚釘。

經過一番苦心奮鬥之後，HONDA的第一輛F1賽車參加了一九六四年8月的德國站F1大賽獎。在預選賽中，HONDA賽車連一圈都沒順利跑完；在決勝賽中，雖然一度努力衝到了第9名，卻在還剩三圈時撞車退賽，可謂敗得體無完膚。這也證明了世界級的競技舞台不容小覷。

但HONDA的技術人員們反而愈挫愈勇。他們獨自研發的燃油噴射裝置等頗具成效——在一九六五年10月的墨西哥站大獎賽上，車手里奇・金瑟（Richie Ginther）駕駛的HONDA賽車第一次奪得了本田心心念念的冠軍。在那場比賽中，從出發到最後衝過終點，里奇・金瑟始終保持首位。

工程師中村良夫於一九五八年加入HONDA，他之前在東急鐵工業公司工作。在被HONDA錄用時，他向初次見面的本田獻言道：「我建議（HONDA）進軍四輪汽車市場，並參加F1。」據他回憶，當時本田激動地大叫：「雖然不知道能不能行，但我的確想試試啊！」

中村參與了當時HONDA的F1計劃的全程，並擔任了HONDA車隊的第一任監督。在見證了墨西哥站的首次勝利後，他在賽場的電報局給本田發了一封電報，內容是「來了，見了，贏了」。這是模仿古代羅馬統帥凱撒的名言（原文是「Veni, Vidi, Vici」，意為「我來，我見，我征服」）。他在回國後向本田匯報時，本田也只是以本田式的贊賞誇了一句：「哦！可以啊。」而並不說「贏了啊」或「你太棒了」。

「既然要進軍汽車行業，我們HONDA乾脆就選了一條最困難、最崎嶇的路，因此參加了F1大獎賽。不管是勝是敗，都有助於我們發現問題、找出原因，從而將獲得的技術心得不斷應用於我們的乘用車產品中。」在因墨西哥站奪冠而召開的記者招待會上，本田如此說道。

這的確是本田和HONDA一貫堅持的基本理念：通過嚴苛的汽車賽車測試，將獲得的新技術用在自家產品上。換言之，HONDA的賽車測試是HONDA量產車型的「帶頭尖兵」。

本田對引擎始終極度執著。他會先定個大目標，然後自己既任領隊又兼隊員，親臨第一線帶頭推進項目。他會給下屬布置課題，接著抽掉「梯子」——不給他們依賴和退路，讓他們獨自鑽研。如果方向正確，這種做事風格和手段的確有效。可倘若方向稍有偏差，便會導致現場混亂、組織動搖。「空冷水冷之爭」便是其典型。

一九六八年，本田下達了研發F1賽車空冷引擎的指示。前一年三月發售的輕型汽車N360銷路喜人，該車型的研發工作由本田親自「陣頭指揮」，且搭載了空冷引擎。在一九六七年9月的義大利站F1大獎賽上，HONDA車隊再次奪冠。由此獲得自信的本田，產生了一個想法：唯有靠空冷引擎，才能在世界車壇立足。HONDA要在F1中證明這點，然後應用於量產車型。

而HONDA的年輕技術人員則認為空冷引擎已是明日黃花，今後的主流是水冷引擎。這也是業內的常識。可依靠研發空冷引擎成功，做大HONDA摩托車業務的本田老爹卻固執己見。在本田的堅持下，研發團隊只得同時研發水冷和空冷引擎，又一次陷入了「一心二用」的境地。

F1賽車空冷引擎傾注了本田的自信和熱情，搭載該引擎的F1賽車於一九六八年打造完成，同年7月便在法國站大獎賽上匆忙上陣。當時的車手是法國人施萊瑟，他在預選賽中排名倒數第二；在雨天舉行的決勝賽中，他駕駛的HONDA賽車在一處彎道未能拐到位，導致車撞上防護牆後頓時起火，施萊瑟也被燒死。

至此，本田「憑藉空冷引擎稱霸F1」的目標以如此悲慘的結果收場，而運用該空冷技術的量產新車H1300，亦因成本高昂銷售不振。

當時，HONDA已在輕型汽車市場取得成功，並計劃正式進軍普通乘用車市場，因此並無餘力在F1這項「燒錢運動」中持續投入；再加上限制汽車污染排放的規定就要出台，研發低污染引擎的項目迫在眉睫。於是，在一九六八年的賽季結束後，HONDA便退出了F1賽事。

負責研發上述F1空冷引擎並擔任當時法國站大獎賽中HONDA車隊監督的久米是志（第三任社長）回憶道：「當時使用空冷，一半是因為本田的強烈意願，但作為項目負責人的我，其實多多少少也有類似想法，希望做別人沒做過的事。沒想到最後出了那樣的事故，實在令我心痛……」

而對於當時一度動搖HONDA企業根基的「空冷水冷之爭」，久米總結道：「當時，HONDA在四輪汽車市場的前途和表現，其實已經關乎HONDA的生死存亡。而空冷所帶來的諸多不便和瓶頸，最終迫使他們得出了『唯有變為水冷才有出路』的新結論。」

至於HONDA的第二段參加F1生涯始於一九八三年。一九七八年，河島喜好社長在新年會上說，「賽車是我們HONDA的企業文化」，從而正式宣布了回歸F1賽事的計劃。一九八三年，HONDA賽車再次馳騁F1賽道，這與上一次已經相隔了15年之久。而在10年前，本田已辭去社長一職，在技術隊伍方面，也完成了權力交接。這次參賽，HONDA僅提供引擎，車身則由歐洲車廠打造，等於是共同參賽的模式。

先是以摩托車賽和F2賽事為鋪墊，到了一九八三那年，HONDA才正式回歸F1，其參賽的首站是英國站大獎賽。本次比賽中，HONDA成績低迷。但在次年7月，在美國達拉斯站大獎賽上，與威廉姆斯車隊組隊的HONDA車隊，終於在回歸F1的第10場比賽中奪冠。

一九八六年，在回歸F1的第四個年頭，HONDA獲得了夢寐以求的「F1賽車製造商」頭銜。那一年，在賽季最終站的澳大利亞站大獎賽上，作為HONDA最高顧問的本田宗一郎與夫人幸女士一同在現場觀戰。當時，在HONDA車隊成員面前，本田以正坐的姿勢，深深地低頭致謝：「謝謝大家傳承並延續了我們這一輩的夢想，你們的表現非常出色！」

對HONDA而言，其第一段F1生涯出於本田個人的興趣愛好，是摩托車比賽的延長戰線，也是進軍四輪車市場的宣傳活動。而從技術層面看，其亦是「移動的實驗室」。但第二段F1生涯則是組織化的人力與金錢的投入，是河島口中的「企業文化」的綜合實力體現。一九八七年，HONDA實現了合作車隊和車手皆奪冠的「雙冠」壯舉。一九八八年，HONDA更是創造了16戰15勝的連戰連勝紀錄，可謂F1歷史上的一座豐碑紀錄。

一九七六年至一九七七年，F1的日本站大獎賽在富士賽道舉辦，從一九八七年起的五年之間，則一直在鈴鹿賽道舉辦。中島悟作為首位日本籍F1賽車手，於一九八七年初次登場，並在參賽頭一年便在英國站大獎賽上獲得第4名。總之，HONDA在F1賽事上的出色表現，在日本掀起了「F1熱潮」！

與第一段F1生涯相比，當時的第二代HONDA車隊的理念已十分先進——車隊成員並不把F1單純視為汽車比賽，而是一場科技的較量。他們不靠直覺和經驗，而是通過數據分析實現了全面的系統化。該系統具有可複製性和普遍性。換言之，不管誰來操作，都能得出相同的答案。

第一個在F1中使用電腦的正是HONDA車隊。車隊通過無線信號，從飛馳的賽車上獲取相關信息，並進行即時解析，然後對車手發出相應指示。隊員之間通過對講機共享信息在如今屬於稀鬆平常之事，可當時在一眾外國車隊的眼中，HONDA車隊的此舉可謂古怪。換言之，在HONDA車隊，為車手提供支持保障的主心骨已不是維護車身和引擎的傳統機械師，而是管理電子控制系統的電子系人才。

這也導致指示變得精確細緻。面對HONDA這種高科技化的比賽風格，當時車隊的巴西車手艾爾頓・西拿（Ayrton Senna）反應靈敏，適應度極好。他的感知能力極

為優秀，能察覺賽車的細微抖動和引擎的微小變化，並及時準確地反饋給車隊的工作人員，作為改進事項。

與HONDA合作的西拿曾三次奪得F1世界冠軍的頭銜。而其每次奠定勝局的「舞台」皆是鈴鹿賽道。在西拿F1賽車生涯的41場勝利中，有32場是在與HONDA合作時取得的。因此，西拿可謂HONDA第二段F1生涯中的「守護神」，亦是日本F1熱潮的大將與功臣之一。

至此，HONDA在賽車領域邁入了「機械狂人」本田遙不可及的世界——一個不再以既有知識和野性直覺為王的世界。回想當年，本田親自在荒川堤岸的測試賽道試車時，車胎居然在行駛途中飛出。這樣的糗事，彷彿是非常遙遠的了，「奇怪，是上輩子的事了吧！」他說。

後來在本田去世一周年後不久的一九九二年9月，HONDA決定暫停參加F1賽事。當時，任社長的川本信彥通過公司內部廣播，向全體員工傳達了這項決定：「技術冒險已是過去，車隊成員也日顯疲態，再加上日本經濟泡沫的破滅，如今，即便只

考慮我們HONDA所處的現實環境，也到了應該暫停參加F1賽事的時候。」

雖然HONDA戰績優秀，創造了驚人的勝率，但每年將近百億日元的賽參支出，已然拖累了HONDA公司的業績。

不久，艾爾頓・西拿，在一九九四年5月1日的聖馬力諾站大獎賽上，因駕駛的賽車撞上了防護牆不幸身亡，年僅34歲。媒體報導了這一噩耗後，當時的日本車迷聚集在位於東京青山的HONDA總部，悼念這位賽車界的傳奇英雄。

直到二〇〇〇年，HONDA才又一次回歸F1，首戰參加的是澳大利亞站大獎賽。這是HONDA經歷八年空窗期後的第三段F1生涯。而二〇〇二年，豐田也首次加入F1賽事，且從引擎到車身都自給自足，是屬於獨立車隊。對於之前一直「君臨」日本F1車界的HONDA而言，等於碰上了最強的競爭對手。但假如生前一直標榜自由競爭的「本田老爹」還在世的話，想必會說這是求之不得的事，「哇！太好了，都讓人等到頭髮白灰灰了！」並且感到欣喜和振奮吧……

第五章

創造「本田神話」
功成身退

人沒有刺激就不會進步。當一個人身處逆境、走投無路時，智慧就顯得尤為寶貴。發明最好的條件是吃苦耐勞，是親身體會痛苦。經受的痛苦與獲得的榮譽往往成正比。如果說有了榮譽就沒有痛苦，這是絕對不可能的。

失敗也是好事，一個沒有經歷過失敗，一帆風順就把問題解決了的人和一個經受10次失敗才獲得成功的人，他們如果是同齡人，要我選擇的話，我就要經歷過失敗的那一個。同一年齡，經受過失敗的人能吃苦耐勞，因為這些痛苦的經歷可成為一股力量，成為人生飛躍的基礎。

——本田宗一郎

1．鍥而不捨、咬定青山不放鬆

二十世紀六〇年代後期，本田宗一郎又一鼓作氣，開始向輕型汽車的方向進軍。本田宗一郎以他的獨特方式無視通產省官員的勸阻，就像他當初無視所有預言他一開始就會失敗的行業專家們一樣。

一九七〇年，本田宗一郎成功地打入了競爭激烈的汽車市場，自從克萊斯勒於一九二五年成功地進入投資巨大、困難重重的汽車市場以來，還沒有人取得像本田宗一郎這樣的成就。在克萊斯勒公司涉入市場之後和本田公司進入汽車市場之前的歲月裡，不少於10家公司在試圖進入汽車市場時碰得頭破血流。本田宗一郎不僅成功地進入了汽車市場，還戰勝了在他前進道路上的一切困難。

一九七二年10月，經過本田宗一郎與公司技術人員的反覆研製，成功開發了符合法律要求的低公害的CVCC引擎（後來使用CCVC引擎的喜美車型成為世界上首款通過《美國馬斯基排放法案》的車型）。本田公司的成功，比GM、福特、豐田和日產

等超一流廠家均搶先了一步，本田汽車的優點已引起國外人士的注目。以美國為銷售中心的汽車出口額大幅度增長，銷售額僅次於豐田公司和通用汽車公司。

一九六五年後，日本的自用車市場抬頭，前途一片榮景。縱觀當時日本的車市，以一九六五年為分水嶺，車型從卡車主導型轉變為乘用車主導型。

一九六六年，日本的四輪汽車產量超過了英國，位居世界第三，僅次於美國和西德。空調、彩電、私家車的「3C時代」（即「Cooler」「Color Television」和「Car」，因此簡稱為「3C」。）已然來臨，因此，一九六六年亦被稱為「日本的自用車元年」。

同年，日本各大汽車廠商都推出了排氣量1000cc級別的小型車。比如日產的「陽光」、富士重工的「速霸陸」、三菱的「柯爾特（Colt）」、東洋工業（如今的馬自達）的「福美來（FAMILY）」、豐田的「可樂娜」。它們都銷量不錯，逐漸成為日本人的「國民大眾車」。

作為日本最後才進場的四輪汽車製造商，HONDA不僅在生產設備方面有差距，

在銷售網絡和售後服務方面亦未成熟。正因如此，當時的HONDA還是著力於輕型車的市場。

對於當時別家在售的輕型車，本田對其車內空間和動力方面皆有不滿，認為「車雖然可以做小，但是人可不會相應縮小」以及「目前的輕型車馬力不足，使超車等操作十分困難，最終成為事故的誘因」……另外，時任專務的藤澤武夫也認為，「雖然大眾小型車風頭正盛，但只要輕型車足夠優秀，能兼顧便宜和好用，則其銷售前景依然可觀。」當時，本田老爹已經明白賣跑車無法成為公司的贏利手段，因此決定按照藤澤的推測好好地賭一把。

研發車型採用摩托車慣用的空冷引擎，並最大限度地壓縮機械結構所占的空間，提高了車內空間率，形成了所謂的「實用微型車」（Utility Minimum）理念。此外，本田老爹對外形設計亦十分執著——對於由黏土製成的一比一整車最終模型，他居然又拿到刨子進行了一番臨時修改，導致相關模具不得不重制。此舉不僅多耗費了八百萬日元的成本，而且還讓當時的模具負責人十分慌亂。

歷經多方努力打造的本田老爹的經典之作「N360」車型於一九六七年春季正式發售。HONDA當時在報紙上登的廣告如此寫道：「N360的設計，以您的乘坐空間為優先！」體現了該車型主打空間的營銷戰略，再加上其31.3萬日元的低售價，N360成為一款在性能和空間方面可與「可樂娜」和「陽光」媲美，價格優勢明顯的輕型車。發售後，本田「N360」一炮打響。

對此，河島回憶道：

「在N360發售後，那些老牌車企一通嘲諷，說什麼『本田做出來的乘用車只是四個輪子的摩托車而已』。的確，N360搭載的是摩托車常用的空冷引擎。所以我當時反而挺佩服他們，因為他們『吐槽』得還蠻到位。」

而購買了「N360」消費者們則對它非常喜愛。當時在N360的車友圈裡，大家給它取了個暱稱叫「小N！」，可見其迷哥迷姐眾多。轉眼間，HONDA一躍成為輕型車廠商中的佼佼者。

正可謂好事多磨，HONDA的這款爆款產品，後來卻受到了消費者運動風暴的一連串牽連。

當時在美國，消費者權益保護運動日益高漲。美國律師拉爾夫・納德可謂這場運動的典型人物，他意識到汽車構造的危險性是個不容忽視的問題，於是在一九六五年出版了《任何速度都不安全：美國汽車設計埋下了危險》一書，並以「銷售缺陷車」為由，對通用汽車公司提出起訴。此舉引起了美國民眾的關注，成為日後消費者權益保護運動爆發的引子。不僅如此，在納德的推動下，美國國會於一九六六年通過了《國家交通及機動車安全法》。

納德後來成了保護消費者權益運動的領導人物。為了調查車企、聯邦政府和議會的相關舞弊行為和不作為，他請來年輕的法學家、消費者問題專家以及其他相關學者，組成了一支調查隊伍，人稱「納德突擊隊」。

此外，旨在「監督汽車安全性」的美國汽車安全中心亦是上述保護消費者權益運動的急先鋒。但這一系列運動有時過激，在社會上造成軒然大波。其他，還有一些不同的批判聲音，認為相關的調查活動過於膚淺、隨便和偏激，似乎一味執著於對抗大企業和政府。

在美國的影響下，日本也於一九七〇年5月成立了名為「日本汽車同盟」的消費者團隊。該團隊打著「私家車主，團結起來！」的旗號，旨在號召當時已達百萬人的日本私家車主群體監督相關政府部門和汽車廠商。不僅如此，日本汽車同盟還涉足產品測試、投訴諮詢和法律援助。可見，時任該同盟事務局局長的松田文夫完全以成為「日本的納德」為目標。為此，他還極為前衛地發起了「缺陷車曝光活動」。而該曝光活動的「靶子」便是HONDA當時「搖錢樹」級的暢銷車型——「N360」。

日本汽車同盟以一起導致N360車主死亡的交通事故為由，稱該車的設計缺陷是車主致死的根本原因，並在一九七〇年8月，以「死者家屬代理人」的身份向東京地方檢察廳特搜部提交了起訴書，被告是HONDA的社長本田宗一郎。當時，東京地方檢察廳傳喚了N360的研發負責人，在負責人前往東京地方檢察廳前，本田老爹對其鼓勵道：「越是遇到難關，越要直視問題，直面矛盾。」

在後來日本國會議員發起的聽證會上，這些HONDA幹部皆站在了風口浪尖。其中，作為「參考證人」出席的HONDA專務西田通私明確表示，所謂N360存在設計缺陷的說法並不合理。之後，東京地方檢察廳特搜部請來了第三方專家進行鑑定，最終得出的結論是「事故與車體設計缺陷之間無因果關聯」，最終駁回了原告方的起訴。

可這場缺陷車騷動不僅使N360的銷量備受打擊，也對日本社會產生了較大影響。整個日本的輕型汽車市場都因此一落千丈。

一九六七年9月，本田進定進軍小型乘用車市場。這是也心心念念的抱負——製造並銷售常規尺寸的汽車，即真正意義上的乘用車。

「既然要搞，就要走在豐田和日產前面。」躊躇滿志的本田描繪的產品規格是獨創的空冷引擎、高動力輸出、高級轎車、FF結構（前側、前輪、前輪較重的驅動方式）等等。

同年三月發售的輕型汽車N360搭載的是空冷引擎，其一度成為日本輕型汽車市場的銷量冠軍。就像對F1賽車引擎的「空冷執著」那樣，本田堅信，HONDA的獨創性必須通過空冷引擎技術來體現。但廣大員工對此卻持懷疑態度。在他們看來，大眾化的乘用車似乎與空冷引擎是沾不上邊的。

2．年輕技術員的逆襲

一向喜歡「陣前指揮」的本田，這一次依然固執己見，對著完成的設計圖，屢屢下達修改命令：「這怎麼行？馬上給我改！」不僅如此，本田每天都會去技術研究所，對相關負責人直接下達指示：「油箱形狀得改，從而減少風阻。」「加上鰭條，就像才這樣……」

總之，本田的一句話，可能就會導致其他作業停滯。畢竟對於老爹的命令，沒人敢說「做不到」。如此反復地變更設計要求，使研發成員們精疲力竭，搞得時任技術研究所長的杉浦英男不得不為本田設置一個「特別交談角落」。他與本田「談判」道：「社長，您有意見別直接去和研發團隊講，這樣負責人會不知所措。請務必來『特別交談角落』。」

對於當時本田技術研究所的混亂情況，杉浦後來點評道：「本田是個白手起家、自信心相當強勢的企業家，又是企業技術領域的領軍者，還有了不起的成功經驗。一

個企業如果有這樣的領導，那針對某項策略或路線的工作就不可能『中途剎車』，而是必然『一條路走到底』。」

這一點的極端體現，便是量產流水線完成後的設計變更。一九六八年10月，歷盡艱辛才打造出的HONDA初代小型汽車「H1300」終於發布，並在車展上也獲得了不錯的反響。在HONDA內部，其正式投產的準備工作也即將完成。可就在這最後的節骨眼兒上，為了追求更加完美，本田又下達了變更設計的命令。變更之處不僅涉及車體和引擎，而且修改要求多到每天平均有180項。有的相關負責人連日不眠不休地加班，只能在上廁所的時候打個盹兒。

這不但使H1300的發售推遲了一個月，還造成了「流水線逆流」的狀況——拆掉裝好的車體，卸下引擎，在換掉一些零件之後，再裝回引擎，最後重新裝配好車體。這種流水線上的返工操作，可謂前所未聞。

經過這麼一番「折騰」，H1300終於在一九六九年5月發售。作為HONDA小型車的處女作，其現實銷售表現卻與期待相反，一開始就不盡如人意。該車的確凝聚了HONDA對技術的追求和執著，但這點只打動了當時的「死忠派車迷」，大眾對此並

不熱衷。換言之，對市場銷售而言，HONDA的初代小型車「H1300」是屬於失敗的作品。

對此，杉浦在日後反省道：「一言以蔽之，我們當時沒有理解透汽車的商品性質。在造車時，必須全盤考慮、綜合評估，而我們誤以為只要對各處細節精益求精，便能造一輛好車。而本應作為手段的技術，也在不知不覺中成了我們的目的。」這通反省，也體現了HONDA內部對本田的一些做事方式和理念的質疑，比如對他的「唯空冷引擎論」。

一九六九年夏天，本田技術研究所大約有60名年輕技術人員齊聚於輕井澤，以《H1300為什麼賣不出去》為主題，展開了討論。據杉浦直言，這是商討「如何讓老爹認錯」的對策會議。

經過討論，大家得出了一致意見：空冷引擎太重，導致車重配比前重後輕，這引發了輪胎磨損加劇等一系列問題，其中包括工藝成本過高，導致售價也偏高。不僅如此，汽車排放的法規限制即將正式推出了，為了過關，明明有輕鬆便利的大路（水冷）可走，卻偏偏要選空冷這條困難重重的窄路。

當時，杉浦把時任HONDA副社長的藤澤武夫特別請到了輕井澤的討論會現場，並向他「申訴」道：「您看，研發第一線的年輕技術員工們如此煩惱，我們不知向社長提了多少次空冷行不通，可每次都被駁回。」

當晚，杉浦和藤澤一邊喝酒，一邊繼續說這件事。

後來，藤澤又在熱海與久米是志（第三任社長）等項目經理交談，傾聽了他們的意見和想法。這使他最終確信，若繼續執著於空冷，HONDA便會在四輪汽車市場被對手越甩越遠。

於是，他馬上命令杉浦：「咱們回研究所後，你馬上去社長那裡一趟。」

「之前勸了社長許多次，可他就是聽不進去，所以才找藤澤先生商量，想拜託您去幫忙說服的……」雖然杉浦心中有諸多不滿，但也不好說什麼，於是一行人坐車，匆匆從熱海回到了技術研究所。

到了技術研究所，杉浦找到本田，戰戰兢兢地表述了意見。而本田只淡淡地回了一句：「哼，為什麼不先找我，卻先去找副社長商量了呢？」

僅此而已。對於杉浦的意見，本田既未表態，也未做出任何指示。

當時，HONDA新車「LIFE」的設計終稿已到了亟待敲定的階段。時間不等人，無奈之下，杉浦等人只得對本田繼續「死纏爛打」。

他們向本田諫言道：「請務必讓我們嘗試研發水冷引擎，這樣下去，HONDA將來不及應對汽車的排放限制令。」

本田宗一郎先是沉默了一陣，最後終於鬆口道：「那就隨你們吧！不過，相關工藝得做到位，可別漏了！」說罷，便起身而去。

當時，杉浦等人一陣狂喜：「HONDA這下有救了！」

可他們當時並不知道，顛覆「頑固分子」本田「老爹」的「空冷執著」的功臣並非他們，而是被公司年輕人尊稱為「歐吉桑」的藤澤（歐吉桑是日文對大叔、大伯的敬稱）的幕後運作。

在那個年代，排放汽車尾氣的危害已日漸引起社會的廣泛關注。一九六六年9月，日本的運輸省製訂了《汽車尾氣排放規定》。

在美國，加州和聯邦政府也先後開始制定旨在防止大氣污染的法規。作為其主要推動者之一的上院議員愛德蒙・馬斯基將《大氣污染防止法》進行了大幅修改，然後提交議會。最終，該法案在一九七〇年底生效，人稱《馬斯基法》。該法案規定，從一九七五年起，汽車的一氧化碳（CO）和碳氫化合物（HC）的排放量須降至原來的十分之一；從一九七六年起，汽車的氮氧化物（NOx）的排放量也須降至原來的十分之一，可謂是極度嚴苛的基準。當時，對於全球所有的汽車製造商而言，這都是一個不可能的任務。

從一九六六年開始，本田技術研究所針對汽車尾氣排放規定進行相關研究工作。當時，研究所主要忙於F1項目和研發四輪量產車，因此負責該項研究的團隊居於次要位置，主要成員也是清一色的應屆大學畢業生，大家都是雲裡霧裡、毫無頭緒。而對先前一直致力於研究高轉速、高輸出引擎的老員工而言，這也是不得不從零開始學的全新領域。

本田宗一郎見團隊成員整日研究既有學術文獻，便怒斥道：「你們整天就知道思來想去，讓時間白白流逝，卻沒有一點兒實際行動。換作我的話，肯定先試著做了再說！」——這的確是符合本田一貫的風格。

可是，哪怕如本田老爹這樣的技術天才，面對CO、HC、NOx這種「看不見的對手」，也是一竅不通。當時，日本國內甚至沒有評測這些尾氣成分的機器設備。

一九六九年下半年，團隊終於發現了一絲曙光。當時有研究發現，如果油氣混合氣體非常稀薄，則其燃燒後的排放物質就會大幅減少。於是，「如何讓稀薄的油氣混合氣體點火成功」便成了關鍵的技術課題。

經過多次論證，研發團隊在引擎燃燒室的旁邊加一個副燃燒室，然後在副燃燒室中引入容易點燃的混合氣體，點火成功後，再將火噴射至第二段的主燃燒室，從而點燃主燃燒室中稀薄的油氣混合氣體。這種擁有副燃燒室的引擎結構，便是團隊最終的智慧結晶。

當時，該方案還處於實驗初期，而且是別家從未嘗試過的獨家原創，因此屬於團隊內部的一級保密事項。可本田不知道從哪裡聽到了風聲，他找到團隊成員，「逼迫」他們解釋原理。在聽了研發的過程和原委後，本田露出了喜悅的表情，還熱心地提議道：「至於引擎的燃料供給方式，除了汽化器，也可以試試噴油器……」

3．後來居上，領先群雄

雖然引擎最後實際投產時採用的是汽化器方式，但本田對這款低污染引擎的期望驟然提高，他強調：「作為最後進場的四輪汽車製造商，（低污染引擎）是我們HONDA迎頭趕上、與競爭對手站在同一起跑線上的絕好機會。」之後，團隊規模從最初的30人一度暴增至百餘人。

研發時用的引擎來自「HONDA N600」車型的引擎，團隊對其進行改良，並加裝了副燃燒室。在經過反復的實車行駛測試後，該引擎的減排效果得到驗證。本田在聽取相關匯報後，決定公開發布這款低污染引擎。

當時，該引擎還不完美，並未正式完成，本田之所以急於發布，旨在製造廣告氣球效果（市場試探效果），他說：「如果坐等（該引擎）慢慢完成，那公司就要倒閉了。」這是本田慣用的「抽梯子」戰術——製造既成事實，讓團隊退無可退，只得拼命完成。而通過內外公示成果這一舉動，還能鼓舞全體HONDA員工的士氣。

至於這款低污染引擎的名字，則是在一九七一年2月的發布會召開之前才定下來——CVCC（Compound Vortex Controlled Combustion，複合渦流調速燃燒）。這個名字是當時的研發負責人取的，之所以取這麼一個艱澀的「洋鬼子名字」，是因為當時該引擎還未申請專利，倘若取個「主副燃燒室引擎」之類的直白名字，就等於暴露了核心的結構技術。發布會由本田在東京大手町的經團聯會館親自召開，面對邀請來的一眾記者，本田宣布：「我們研發的往復式CVCC引擎能夠滿足汽車尾氣排放的規定值。到了一九七三年，該引擎便能投入商用。」

一九七二年10月，這款CVCC引擎成品的正式發布會在東京赤坂的王子飯店舉行。當天，HONDA在飯店大廳設置了展示區，為了體現引擎綠色環保的特性，展示區使用了藍色的隔板裝飾，而引擎的完成品則放置在展區中央。那天，本田老爹笑容滿面，與研發團隊的成員一起在展示區解答各路媒體的提問。這場發布會標誌著HONDA憑藉獨創的自有技術，成為全球造車業的排頭兵。對一向討厭模仿他人的本田而言，正可謂實現了自己「靠自有技術闖出一片天地」的夢想。

媒體對此反響強烈，不少報紙做了相關報導，諸如《該技術亦可用於其他廠家的引擎》《不需要催化器等尾氣淨化裝置，因而杜絕了二次污染》等，而有的報紙為了吸引眼球，甚至用大號字打出了這種驚人的標題——《豐田、日產，如何應對？》

除了日本國內，在海外，CVCC引擎也引起了強大反響。美國的環境保護局（美國國家EPA，如今的環境保護廳）要求HONDA提交搭載該引擎的測試車。礙於HONDA當時並未生產足以容納該引擎的車型，因此不得不搞來一輛日產的「陽光」型車子，在上面裝上HONDA的CVCC引擎。為了滿足車重要求，車上還放了一些沙袋。一九七二年12月，該車在美國密西根州的安娜堡進行了排放公開測試，結果，CVCC一舉成為符合《馬斯基法》規定的首款引擎，而《馬斯基法》要到一九七五年才強制生效。

本田當時宣布，將公開這項降低環境污染的引擎技術。作為國內最大的車企，豐田率先認可和引進了HONDA的CVCC技術。

之後，全球多家車企皆跟進，從福特、克萊斯勒到五十鈴等，本田技術研究所一

時間訪客不斷。作為最後進場的四輪汽車製造商，HONDA卻在大氣污染對策領域彎道超車，實現了行業領先的壯舉。

在正式發布CVCC引擎的完成品之前，一九七二年7月，HONDA發售了新車「喜美Civic（另譯：思域）」。

一九七三年10月，搭載CVCC引擎的改良型「喜美」發售。這是HONDA首款真正意義上的小型乘用車，4門，排量1500cc。該車徹底吸取了當初H1300的失敗教訓——「喜美」的引擎為水冷，車身結構簡潔，且價格較便宜。加上頗具個性和識別度的外觀設計，「喜美」人氣頗高，榮獲日本「一九七三年年度車型」的美譽。

「喜美」當年雖然只賣出2萬輛，但在三年後，其累計銷量已達17.6萬輛。在《馬斯基法》初步試行的一九七四年，HONDA向美國的EPA提交了「喜美」的測試申請，經測試，「喜美」獲得了EPA的認定。在測試過程中，EPA的檢查人員指出「喜美」的燃油經濟性很好，對當時在場的HONDA員工而言，此話可謂醍醐灌頂：「我們一直專注於排放問題，完全沒有考慮過油耗。」HONDA的員工們由此認識到，今後排放達標是對所有車企的基本要求，因此行業的競爭焦點將轉為燃油經濟性。

從一九七三年的初代CVCC「喜美」，到一九七八年款，HONDA「喜美」連續四年稱霸同車型中燃油經濟性排名的榜首。在美國，HONDA在原先深耕的二輪車（摩托車）口碑的基礎上，也逐漸提高了其在四輪汽車領域的知名度。通過CVCC引擎，HONDA實現了「彎道超車」，搭載該引擎的HONDA小型車起到了開拓新市場的作用。這一番「布局」，使HONDA與豐田和日產等前輩，真正比肩平起平坐了。

4．傲笑江湖，千山我獨行

一九七三年10月，本田宗一郎將社長一職讓與河島喜好，與辭去副社長一職的藤澤武夫一同退居「董事兼最高顧問」的二線位置。不久，第四次中東戰爭爆發，石油危機與物價飛漲的風暴席捲全球。所以說，喜美的大獲成功，可謂為本田功成身退鋪就的紅毯。

一九六九年的「空冷水冷之爭」大幅加速了HONDA內部老人新人之間的權力交接。面對一味執著於空冷的本田，以久米為代表的這些年輕技術人員則要求研發水冷引擎。對於HONDA的這段歷史，有人將其視為「政變」「造反」，這樣的要素的確也存在，但真正讓本田回心轉意研發水冷的功臣，其實是藤澤。

那年夏天，藤澤與研究所的年輕員工們在熱海住了一晚。其間，通過和他們的交談，藤澤再次認識到水冷的優勢。回到東京之後，他便馬上向本田傳達了年輕員工們的意見。

「不，不。水冷能實現的性能，空冷也能實現。跟你說，你也不懂。」

對於技術，本田有堅定固執的信念。藤澤深知這點，因此從不妄議本田的這片「聖域」。而當時，藤澤做好了心理準備，毅然決定首次踏入這片「聖域」。

於是，「歐吉桑」就對「老爹」下達最後通牒，他說：

「那——你是要當本田技研工業的社長，還是僅僅當個技術工程師。這兩條路，你必須得選一條吧。」

沉默了一陣之後，本田說：「那……我應該好好當社長吧！」

「那你會准許他們研發水冷，對吧？」

「好吧，就麼辦吧……」

天才不可能終生是天才。所謂天才，只是在重要的時期發揮出了超凡的能力，創造了偉大的事業或進行了偉大的發明，僅此而已。更不用提像造車這種技術飛速進步的領域。所以說，「空冷水冷之爭」其實是本田宗一郎走過天才全盛期的一個標誌性事件。

一九七〇年4月，HONDA由從創業時起就一直持續的「本田＋藤澤」的「兩人三腳」領導制度，轉型為以河島、川島、西田、白井這四大專務為核心的集體領導制度。

當時，藤澤對上述四人宣布道：「社長和我不會再事事過問，包括將來計劃在內的日常工作事務，都由你們四名專務來負責推進。如果真有困難和問題，可以找我們商量。」這項決定，其實是為HONDA這兩大首腦（本田和藤澤）日後正式引退而做的鋪墊。當時，日本正處於空前的經濟繁榮期，史稱「伊奘諾景氣」（指一九六五年至一九七〇年的日本經濟繁榮期）。

從那之後，藤澤就不怎麼在公司露面了。對此，河島回憶道：「藤澤先生如果來公司，那肯定是有什麼不放心的事。在聽取了相關匯報後，他一般就說一句『那沒問題了』，然後就又回去了。」

至於兼任技術研究所社長的本田，則每日都駕駛著自己的愛車H1300，前往位於日本埼玉縣和光市的研究所上班。當時的研究所已經成功培養出了一批優秀的技術人員，但其獨立於HONDA公司的扁平化「鎮紙型」組織結構，此時卻日漸顯露弊端——位居一眾技術專家之上的，唯有本田一人，他宛如鎮紙頂部的提紐，即使看似微不足道的小意見，都會對研發工作產生巨大影響。隨著這種情況在當時的逐漸增多，有的員工主張權力交接勢在必行。

問題是誰去說呢?在各種因素下，最終由時任總務幹部的西田通弘（後來擔任本田技研的副社長）擔起了這個沉重的任務。

那天，西田到了研究所後，便去敲社長辦公室的門。本田邀西田共進午餐，二人一邊吃著蕎麥麵，一邊天南海北地聊了一陣。

見時機差不多了，西田便切入了正題：「您看，咱們的研究員也都成長起來了，是不是該考慮把接力的棒子遞給年輕人了？」

本田即刻回應吼道：「你還真敢說嘛！」

接著，沉默了一下，他又說：「既然如此，那我乾脆今天就讓賢吧。」說罷，他拿出手帕，擦了擦眼淚。

對此，西田日後感慨道：「本田先生是個工作狂，一旦投入，便心無旁騖，其他什麼都不顧了，所以他平時完全不管人事這個區域。可我當時就那麼一句話，他便完全理解了，甚至還有點欣慰的感覺。」

一九七一年4月，趁著低污染CVCC引擎剛剛發布的絕好時機，本田將技術研究所社長一職讓與河島喜好，這可謂本田技術生涯的句點。之後，本田便專注於HONDA總公司的社長工作。此舉標誌著HONDA的新一代組織結構正式成型。

在本田剛辭去技術研究所社長一職後的一段時間裡，有好長一段時間，他都每天早上從下落合的家裡出發，朝著研究所開去……等車開到中途，才想起自己已經不是社長了，然後再掉頭回去。可見，在本田心中，本田技術研究所已經是他的本家，他的一切了。

一九七一年夏天，美國尼克森總統發布了美元防衛政策，宣布取消金本位。此舉產生的「尼克森衝擊」導致當時東京證券交易所的股價暴跌。那年末，先前1美元兌360日元的固定匯率被打破，變為1美元兌308日元（基於史密森協定）。對此，本田當時疑惑不解：「為什麼匯率會變？之前不一直是1美元兌360日元嗎？」他還與藤澤半開玩笑地感嘆道：「這時代變化真快，我們這些老人跟不上啦……」

在此衝擊下，五十鈴與通用汽車合資，第一銀行與日本勸業銀行合併……日本當時的經濟形勢動蕩，而已然成為大企業的HONDA，日漸顯現出靈活性方面的缺失。

對此，藤澤深感憂慮，在他看來，所謂企業經營者，哪怕在連續三天睡眠不足的疲勞狀態下，也必須能夠作出正確決斷。如果沒有這樣的能力，便不夠格。平時還好，可在異常事態發生的節骨眼兒上，就更需要企業經營者迅速做出正確決斷。倘若由於上了年紀而在體力環節上「失守」，從而導致判斷失誤，就可能會對企業造成滅頂之災。這樣的實例並不少……50歲便早逝的織田信長，能夠至死追尋男兒夢，但逐漸衰老的豐臣秀吉，卻晚節不保……

也正因為如此，藤澤對河島說道：「我和本田先生終有一天要走的，到時候你們

怎麼辦？」於是，河島開始著手以四大專務為核心的體制改革活動。這是藤澤為了讓HONDA順利過渡至「後本田時代」而做的鋪路工作。對藤澤而言，自己接下來所剩的唯一任務便是如何讓本田光鮮亮麗地功成而退。

一九七三年3月的一天，副社長藤澤對西田通弘專務說道：「這個財季結束後，我就會辭去副社長一職。你替我告訴社長吧！」

那年秋天，HONDA即將迎來創立25周年的紀念日。眼看年輕一輩已漸漸能獨當一面，再加上本田的領導力漸漸出現瓶頸……於是，藤澤看準了時機，才做出如此的決斷。

同年夏天，本田去中國出差。其間，「本田社長、藤澤副社長引退」的消息不脛而走。當本田出差回國、抵達羽田機場時，試圖向他本人確認消息真偽的媒體記者都擠在大門口守著。當時去接機的西田向本田轉達了藤澤的意思。雖然這出乎本田的意料，但他即刻理解了藤澤的用意，考慮了片刻後，他對西田說道：「有藤澤武夫，才有我這個社長，既然他這個副社長要辭職，那我也一起辭吧！」

接著，本田在羽田機場對記者們笑著宣布：「我其實早就打算辭去社長一職，之前就和藤澤副社長商量過，沒想到在我出國時走漏了消息吧！」

他接著說道：「我已經65歲了，雖然心態依然年輕，但對於瞬息萬變的企業經營活動，我已經有點兒跟不上節奏了，況且我們HONDA已經後繼有人，因此現在正是急流勇退的好時機。我和副社長兩個人加起來可以獨當一面，少一個都不行。就好比兩個半吊子藝妓，一起唱曲兒表演才算一個完整的藝妓水平。所以說，我們要辭當然也是一起辭。」他說這番話時，語氣平緩，似乎是在說給自己聽。

同年10月，本田和藤澤——HONDA的兩大頂層人物在股東大會上正式宣布退任。持續了25年的「兩人三腳」體制落下帷幕。此時，本田65歲，藤澤61歲。

按照當時的標準，作為領導，二人的年齡並不算大，完全不必退居二線；而作為社長繼任者的河島喜好當時僅45歲，其實，早在HONDA還是小工廠的一九四八年，河島作為本田招收的第一個大學畢業生便入職了，屬於「元老級」員工。如此年輕便居此高位，這在當時的日本企業中實屬罕見。也正因為如此，這場HONDA的權力交

接在當時引起了巨大反響。

對於本田這種不迷戀、不執著的爽朗退任，媒體交口稱讚，諸如《爽朗的交接》《不拖泥帶水的退任》《本田式的一生痛快傑作》等標題見諸報端。

同年（一九七三年）8月，藤澤在《卸任致辭》中寫道：

在已決定退任後的一次會議上，我和本田先生碰面了。其間，他對我使了個眼色，叫我過去一下，於是我便走了過去。

「還可以吧。」他對我說道。

「是啊，還可以。」我答道。

「我覺得挺幸福的。」他又說道。

「我真的非常幸福，這要由衷感謝您。」我答道。

對此，他說道：「我也要謝謝你，讓我擁有了精彩的人生。」

就這樣，我們之間有關引退的話題便結束了……

當天，本田的卸任致辭：

很久之前，我便與副社長商量過，趁著HONDA創立29周年之際，我倆共同退居二線，完成與年輕一代的權力交接。4月，我倆向公司四名專務表達了該意向，四名專務也對此表示了理解。於是，我倆的卸任進入了商討具體交接過程的階段。

對「HONDA」人而言，這其實並不唐突。從一九六四年啟動的幹部辦公室制度，到三年前確立的四大專務體制，尤其在過去的一年多，HONDA已經切實地在以四大專務為核心的集體領導制度下運作。因此，大家皆應察覺到權力交接只是時間問題。

HONDA是一家擁有夢想和年輕活力，並且尊重理論、時間和創意的企業。尤其是HONDA的「年輕活力」，我認為，其包括直面困難的勇氣和熱情以及不拘於條條框框敢於創造新價值的智慧。

從該意義層面來講，我的身心都還年輕，且自認絲毫不輸於各位年輕人。但

從現實層面上看，我也不得不遺憾地承認，自己感到「真羨慕年輕人」「比不了年輕人」之類的情景和情況在日漸增多。

就拿研發CVCC引擎來說，當時我強調道：「作為最後進場的四輪汽車製造商，研發低污染引擎是我們HONDA迎頭趕上、與競爭對手站在同一起跑線上的絕好機會。」對此，研究所的年輕技術員卻說，引擎減排對策並非企業本位的問題，而是車企的社會責任，是車企應盡的義務。該理念令我醍醐灌頂，由衷感動。

在美國，人們一般認為成長型企業的社長平均年齡應該在40歲左右，如果社長年紀在60歲左右，企業恐怕會喪失活力、陷入停滯。這也讓我深切感受到，年輕是多麼美好。HONDA一直先於時代，其核心優勢便是年輕的員工隊伍。我相信，各位年輕同人今後也會持續進步和成長。

這個時代需要先進的超前的經營理念，需要令人為之一振的新價值觀，需要對企業與社會的關係進行全新的認識。監於今後對企業社會責任要求的提高，以及基於「地球村」理念的環保意識的強化，企業作為一個組織，愈發需要年輕的

力量和思想。

我和副社長雖然人老心不老，但畢竟都已步入花甲之年。我倆帶頭領導員工的時代已經過去，年輕班子也不再需要我倆進行指指點點了。

副社長一直負責HONDA的銷售以及財務、組織管理等內部事務，而我一直負責技術、製造以及外部事務，我倆一直如此分工。我倆都屬於「半吊子」的企業經營者，加起來才算得上獨當一面，因此要退居二線也是一起退。這既是順理成章，也是我們的一致意見。

可見，哪怕是一群半吊子的「臭皮匠」，只要相互認同、彼此互補、關係和睦，也能做成「諸葛亮」級別的事。這世上沒有完人，對於自己的不足之處和能力不及之事，大可請周圍的人出手相助；而對於自己的專長，也要毫不吝嗇地為他人所用。這便是組織和集體的關鍵優勢。倘若沒有人與人之間的和諧紐帶，企業和組織別說發展，就連維持都做不到。我希望大家充分認識到這一點。

縱觀四大專務體制確立後的公司，現在的HONDA充滿活力，對各種情況應對靈活，且不失新鮮感。這也是我能安心交接的原因。這一切都仰仗公司全體同

人的努力，讓我和副社長能在這個合適的時機順利完成交接。對此，我表示衷心感謝。

回顧過往，既有苦累，也有失敗，我的任性也沒少讓大家困擾。關鍵在於，新事業、大事業的成功少不了背後的研究和努力，而在這研究和努力的過程中，幾乎99％都是失敗的積累。在我看來，正是因為大家明白這個重要的道理，才能一路奮鬥過來，創造出HONDA今日的成就。

在與HONDA共同成長的25年間，是我最為充實的時光，每天我都切實地感到自己的人生價值。這也都仰仗公司全體同仁。謝謝大家。真的非常感謝。

HONDA企業宗旨的頭一句是「放眼全球」，意思是既不模仿別家，也不欺騙或糊弄消費者，體現了HONDA的氣宇軒昂。

HONDA尊重獨創性，並重視合作商家、消費者、所在地域等與公司存在直接或間接關係的社會個體及組織。多虧了社會人士的理解支持以及公司員工的努力奮鬥，使得HONDA的這種企業文化已然開花結果，深深紮根。HONDA的這種基本理念，在設備、產品及制度等各方面皆有體現。這種理念和成果，並不會

由於經營層的權力交接而動搖，因為HONDA人的這種特質，早已融入了我們的血液之中。

我希望大家今後進一步把HONDA發展壯大，大家要懷揣宏大夢想，盡情發揮年輕活力，相互團結協作，讓公司氛圍更加開朗，讓員工更能感受到工作的意義，並把HONDA打造成廣受全球贊譽、回饋反哺社會的公司。總之，打造明日HONDA的任務就落在了大家的身上。

我和副社長雖然退居二線，但也並非徹底離開了公司。我希望各位同仁繼續在各個方面給予指教，同時我也希望我倆能繼續在一些方面為公司發揮作用……今後也請多多關照。」

本田說著說著，眼淚不自覺得流了下來，可他不去理它，仍然語氣鏗鏘有力，聲音低沉地敘述著，他的話語久久地在空氣中散播，迴蕩在人們的心中……

第六章

沒有他，就沒有「本田神話」！

公司裡每一個人都毫無保留，完全暴露自己的優缺點，是一件好事。石頭就是石頭，金子就是金子。教練要儘量掌握運動員的特點，並使之得到充分發揮，做到人盡其才，物盡其用，合理安排。那樣，石頭也罷，金子也罷，統統都會成為真正有用處的東西。

——本田宗一郎

1．本田的另一位靈魂人物藤澤武夫

本田宗一郎與藤澤武夫的關係正如車子的兩個輪子。一個是埋頭造物的激情工匠，一個是歷經商戰的成熟商人。作為土生土長的東京人，藤澤興趣廣泛、通識人心、眼界開闊，是一個擅於均衡且協調各方面的人。

曾在藤澤麾下負責銷售並開拓HONDA美國市場的川島喜八郎（後來曾任HONDA副社長）如此點評本田與藤澤的關係：「如果說本田先生是知名演員，藤澤先生便是知名戲劇導演。他設計布置好舞台，寫好了劇本，然後讓本田先生這個名角翩翩上台起舞。」

社長、研發者本田，策劃、經營者藤澤，這兩個性格強烈的靈魂組合在一起，便實現了HONDA的發展翅膀。

一九一〇年11月10日，藤澤出生在東京小石川的一戸普通家庭。父親做過銀行職員等工作，後來自己開了一家製作電影院幻燈廣告公司。可在藤澤就讀私立京華中學

一年級那年，父親的公司在關東大地震中被付之一炬，剩下的唯有債務。再加上立志當教師的藤澤後來未能考取東京高等師範學校（現在的筑波大學），為了養家糊口，他不得不開起了寫作坊，承接代寫書信之類的業務。工作之餘，他遍讀各種文學書刊，是個屬於內向型、文質彬彬的年輕人。

之後，藤澤征兵入伍。在度過了一年的部隊生活後，一九三四年，他入職於東京八丁崛的一家名為「三輪商會」的鋼材批發商。作為銷售員，他走遍街頭巷尾的各家小工廠和作坊推銷鋼材，開拓了一個個客戶，成為商會的「銷售好手」。

他並不屬於那種油嘴滑舌、能說會道的推銷員，相反，他以「誠心誠意」為座右銘，如果無法如期交貨，他就會老實告訴客戶背後的真實原因，並會站在對方的立場為他們出謀劃策。因為推銷商品，因此他對市場行情十分敏感。通過這樣的歷練，藤澤擁有了商業方面的眼力和直覺。後來，「三輪商會」的店主被征召去當兵時，他甚至被委以「店主」的重任，負責經營商會。之後，他設立了「日本機工研究所」，主營切削工具的生產製造。等待店主服役完畢回來之後，他便自立門戶了。那一年，他才31歲。

當時，日本機工研究所也是中島飛機廠的供應商之一。而中島飛機廠收貨時的品質檢驗負責人，便是後來為藤澤和本田牽線搭橋的竹島弘。竹島畢業於濱松高專（後來的靜岡大學工學部），在本田作為旁聽生去該校聽講的那段時間，竹島正好擔任該校的客座講師。後來，竹島入職於中島飛機廠，與作為活塞環供應商的本田再度相會。也正因為如此，從竹島那裡，藤澤聽說了有這麼一位「濱松的技術天才」。

一九四五年6月，為了躲避美軍的空襲，藤澤不得不去福島的二本松避難。諷刺的是，8月15日，日本機工研究所的機械設備剛被轉移到福島的二本松，戰爭就結束了。對戰後的日本而言，比起切削工具，建築木材的銷路更好。在此判斷下，藤澤在福島買下了一片山林，開始從事建材業。同時，他也會時不時地前往東京，旨在尋找在東京東山再起的機會。

一九四八年夏，在依然四處斷壁殘垣的東京市谷車站附近，藤澤與竹島偶遇。當時，竹島已是通產省的技術官員。

之後，藤澤關掉了位於福島的建材工廠，轉而在東京池袋開起了木材店。有一天，竹島聯繫了他，問他「想不想見見天才本田？」

藤澤與本田命運的邂逅發生在一九四九年8月。二人在位於東京阿佐谷的竹島家中見面，當時的竹島家只是一座木板棚屋。

那年夏天，日本接連發生了諸如下山事件、三鷹事件等離奇事件，導致整個社會一片嘩然。但同時，東京又重新出現了啤酒吧，街頭巷尾也能聽到《青色山脈》《銀座任性小姑娘》等流行歌謠。在動蕩和貧困中，人們依然點燃了復興國家的激情。

當時，42歲的本田宗一郎想在東京製造貨真價實的摩托車，但手頭卻缺乏資金，而38歲的藤澤卻想和有創意的技術能人聯手，把東西賣出去，二人一見如故。

與傳說中的「濱松發明狂人」見面之後，藤澤當場決定變賣自己的建材工廠，為本田提供創業資金。這樣，初次見面的二人在短短三~五分鐘的交談後，便確立了各自的角色——本田負責製造，藤澤負責籌錢。

後來回憶這次邂逅時，本田和藤澤都異口同聲地提到「——對方擁有自己所不具備的特質。」二人雖性格迥異，但都擁有非凡的直覺力和洞察力，尤其是「看人」的眼力。裝腔作勢也好，虛張聲勢也罷，在二人面前完全行不通。關於這點，曾經是他倆的下屬們也異口同聲地評價道：「能夠立刻看透你內心所想，根本騙不到的。」

再說回二人的初次邂逅，在談得差不多後，本田對藤澤說道：「錢的事情就拜託你了。交通工具這東西，不管形態怎麼變，永遠都不會消亡。至於我會創造出什麼，我希望在這方面不受任何掣肘，畢竟我懂技術。」

對此，藤澤說道：「錢的問題就交給我吧。如果想要採購什麼設備，或者實施什麼項目，哪怕當下無法預測其盈利前景，我也會積極配合，盡量以最方便和順暢的方式落實，避免短視。」

「沒錯！我們都不要短視。」本田說道。

「明白了。那麼就是允許我加入了？」藤澤問道。

「是的，拜托你了。」本田答道。

對這次邂逅，藤澤後來回憶道：「我們『約法三章』，我不會對本田所做的事指手畫腳，相應地，本田也不會對我的工作橫加干涉。聽他講話，我當時就能感受到不可估量的未來圖景。如果我能為其鋪好軌道，本田的夢想列車便能乘著軌道，一路奔向未來。」

一九四九年10月，藤澤以常務的身份開始參與本田公司的經營。HONDA的資本

金增了一倍，增資中的四分之一來自藤澤的出資。一九五〇年3月，HONDA進軍東京，在東京八重洲設立了簡陋的銷售部。這便是藤澤的「根據地」。

一九五一年加入HONDA的川島喜八郎（曾任副社長）在大學畢業後，先是在老家靜岡經營一家油店。對於後來入職HONDA的經過，他回憶道：「當時得知一家叫『HONDA』的摩托車製造商在招業務員，我感覺挺有意思，於是去濱松面試。面試是由本田先生本人，他怎麼看都像是經營小工廠的普通中年男人，對我這個初次來應聘的人，他居然說什麼『咱們公司不用多久就會成為世界頂尖的兩輪車企』。他『吹這個大牛』的時候面不改色，但完全沒有令人不快的感覺，真是個擁有奇妙魅力的人。面試完後，他對我說，既然希望跑業務，就應該去見藤澤先生。」

於是，川島就前往東京，去邂逅了這個HONDA的「第二號」人物。

對此，川島回憶道：「（HONDA位於東京的）銷售部在一家魚鋪的旁邊，而且是一間普通民房。我去拜訪時，藤澤先生正拿著蒼蠅拍坐在裡面，因為隔壁的魚鋪招蒼蠅。究竟能否把自己的將來托付給他呢？乍一看，我對他還持懷疑態度。可經過交談，我發現這又是一個格局極大之人。他當時對我說，『本田宗一郎遲早會打造出世界一流的商品，而我的工作，就是要把它們賣出去。』這讓我深切感受到他對本田先生的工匠精神與技術實力的推崇。」

不管公司的外表規模如何，在這兩大人物的感召下，川島當場決定入職。

「要想實現我們的創意，就必須有先進的機器設備。雖然古人說『弘法大師不挑筆』，但這句諺語如今已過時。鑒於此，我下決心採購世界一流的生產設備。如果只盯著日本國內的市場和競爭對手，便無法成為真正的『日本第一』。唯有成為『世界第一』，才是貨真價實的『日本第一』……」在一九五二年秋天的公司內部報告會上，本田提出了成為「世界第一」的目標，並宣布將為此進行大膽的設備投資。

當時的HONDA已初具規模，員工總數已超200人，其中有一些應屆畢業生，最重要的是有了藤澤專務這員猛將。本田雖然平時一直強調「不要先想著花錢，要先開動智慧」，但對手生產設備「這支筆」，他沒法像弘法大師那樣不挑剔。要想提高工藝的精度，就必須有性能卓越的設備。而在當時，日本的國產設備達不到這個要求。

一九五二年春天，HONDA收購了位於埼玉縣大和町白子的一家舊工廠。這家廠

原本是製造飛機零件的，被收購後，廠內留有數百台老舊機器設備。本田當時就說：「用這些設備來生產，造出來的東西不會好，全部賣了算了。」

對於國外的先進生產設備，本田自然十分渴望。但橫亙在他面前的難題不僅是其高昂的價格，還有當時日本政府的進口用外匯配額限制。

作為「財務管家」的藤澤十分理解本田焦躁的心情，因此他勸本田果斷採購所需的設備：「社長，該買就買。想要什麼機器，咱們就去採購，只要您讓機器買來後能立刻開動運作就行。」

雖說當時的HONDA已經增資，但公司所有的資本金僅有六千萬日元，而且公司也沒有潛在資產。在這種情況下，要採購總額高達四億五千萬日元的設備，簡直就是莫大的冒險行為。即便如此，藤澤依然對本田十分的信賴。

對此，藤澤後來感慨道：「本田雖然精通技術，但從不會以缺乏機器設備為由而說『做不到』。他從不唉聲嘆氣，總是力圖在既有條件下尋求突破。所以我當時就相信，HONDA如此龐大的一筆支出絕不會付之東流。」

當時，本田在公司裡提出的口號是「在成為『日本第一』前，先要當『世界第

一』」，這個似乎邏輯顛倒的口號，聽得員工一愣一愣的。在晨會上，他會站在裝橘子的箱子上激情「演講」，兩眼放光，口沫飛濺。一位老員工回憶道：「他（本田）當時的演講，比起內容，情緒占了主導，而且摻雜著濱松方言的口音，再加上講的內容常常省略中間段的過渡和解釋，不太好懂。不過講話時的氣魄可真不得了！」

大概本田後來也發現了自己的這個問題，於是先把要講的話用磁帶錄音機錄好（當時，磁帶錄音機剛問世，屬於非常高端的東西），待開會時，他就一聲不響地站在眾人面前，旁邊用錄音機播放自己的講話錄音。這也算是一道較為奇葩的風景。

關於設備採購項目，河島喜好後來評價道：「該（項目）體現了本田和藤澤作為企業經營者的先見之明。當時，通貨緊縮造成的不景氣已然過去，我們的『夢想』E型摩托車也銷路不錯，這使得HONDA安然渡過了一時的危機。但照此下去，公司很難發展壯大。再加上我們當時多數零件的供應商仍在沿用戰前的老舊生產設備，這也使得我們根本無法成為『世界的HONDA』。鑒於此，他倆決定讓HONDA擁有自己的零件生產工廠，因此需要購買一大批最先進的生產設備，於是向政府提出了4.5億元的外匯配額申請。」

一九五二年11月，為了採購生產設備，本田前往美國考察，還參觀了美國車企的大規模生產工廠。那趟考察，本田帶回了大量生產設備的產品目錄，據說，後來還有不少堆在本田家裡。

「我一和老外說要買機器設備，他們馬上就高興得不得了，對我說『sekihann』『sekihann』（日語「紅豆飯」的發音。按照日本的舊時習俗，如果有喜慶之類的事，就會煮紅豆飯），我以為是要煮紅豆飯慶賀呢，結果竟然是『shake hand』（握手）。」這便是本田給員工們帶回來美國之行的「出洋相」。在本田前往美國考察時，當時還只有20幾歲的河島則前往歐洲，負責在德國和瑞士採購生產設備。

2．利用DM建立銷售奇兵

當藤澤開始參與HONDA的經營時，日本的兩輪車製造商已然魚龍混雜，且數量眾多，因此當務之急是開拓銷售網絡。當時，HONDA的產品主要依靠順搭委托代售模式進行銷售，即把車放在先進場的競爭者們的經銷店內銷售，收貨款時也只能遷就對方的臉色。

就在藤澤為銷售管道左思右想、無計可施時，本田拿出了一項發明——搭載引擎的「小狼F型」自行車。

當時，裝引擎的自行車已經出現，俗稱「巴塔巴塔」，車重14公斤左右。本田研發出的這款「小狼F型」自行車只有7公斤重。就像他在「我的履歷書」中自誇的那樣，其「白色油箱＋紅色引擎」的本田設計可謂新穎，且該車輕量小型，是藤澤期盼已久的大眾類商品。

東西造出來後，接下來就該藤澤出馬了。一九五二年3月，「小狼F型」的試制車打造完成，計劃在同年6月正式發售。這中間的三個月，藤澤便如歷史上被信長和秀吉譽為「你辦事、我放心」的竹中半兵衛一般，在本田的全權委托下，想出了「無中生有」的奇策。

藤澤把注意力放在了遍布日本全國各地的自行車店。當時，日本全國的摩托車銷售店僅三百家左右，其中銷售HONDA產品的更是僅有20家左右。與之相對，日本全

國的自行車店多達五萬五千家。雖然每家的店面極小，至加在一起，便是一張龐大的銷售網。而藤澤在當時便有了這種「銷售網戰略」的理念。

如何與這些自行車店取得聯繫呢？為此，藤澤想出了直接郵寄DM廣告的戰術，還自己思考文案。他在第一封廣告中寫道：

「日俄戰爭後，您的祖先極有魄力地開拓了銷售進口自行車的事業，這便是您今日業務的基礎。但消費者如今追求的是有引擎的自行車，而這樣的產品，我們HONDA已經為您打造完畢。歡迎有意者請回函。」

該廣告寄出後，超過三萬家自行車店回函表示「感興趣」。

於是，藤澤立刻又寫了第二封DM廣告：「感謝您的回函和意向，我們會按照申請的先後順序，向您寄出一輛樣車。該車的建議零售價為25000日元，給您的批發價為19000日元。您可通過郵政匯款，也可打款至我們在三菱銀行京橋支付的帳戶。」

與此同時，藤澤還委託三菱銀行京橋支行以支行行長的名義，向有意向的自行車店寄去「歡迎向HONDA在我行的帳戶匯款」的告知信。

此舉有效地打消了各自行車店對HONDA的信用顧慮。

由於要寄的信數量太多，藤澤不得不動員HONDA員工都來幫忙寫收信人的姓名和地址，結果依然來不及，最後連三菱銀行京橋支行的員工都來幫忙了。

對此，川島後來回憶道：「（這麼做的）迴響太大了。第二封廣告寄出後，五千家左右的自行車店立刻提交了購買樣車的申請，且後來申請的店越來越多。在摩托車行業，以賒銷為主的委託銷售模式是主流，可藤澤先生卻另闢蹊徑，顛覆了這一主流，讓經銷商先付錢，並且取得了成果。」。

通過郵寄DM廣告的戰術，「小狼」車型的銷售網覆蓋了日本全國大約一萬五千家自行車店，實現了在日本的普及化。

戰爭期間，日本的製造業習慣依賴軍方的訂單，但藤澤早就預見到，將來是大眾消費的時代，製造業必須順應大眾需求，以預估方式的大規模量產為主流，否則企業便難以成長。而「小狼」車型的誕生，便是藤澤眼中的契機，他藉此開拓了HONDA的銷售網絡，從而鞏固了HONDA日後飛躍發展的基礎。

3．本田的經營危機

一九五四年，本田宣布參加曼島TT賽（International Isle of Man Tourist Trophy），但在慷慨豪邁的宣言背後，HONDA卻面臨創立以來最大的經營危機。

而讓HONDA巧妙地化險為夷的，正是藤澤武夫。

一九五三年7月，朝鮮戰爭結束，「戰時特需」給日本製造業帶來的大量訂單戛然而止，經濟形勢從那年秋天開始急轉直下。到了第二年初，日本經濟陷入蕭條，史稱「一九五四年蕭條」。當時，不僅是中小企業受到波及，就連尼崎製鋼、日平產業之類的知名大企業都難逃破產命運。但從長遠來看，這場產業界的優勝劣汰為日本日後的經濟高速成長起到了開道鋪路的作用。能否在那場淘汰中存活，將決定企業今後的前途。

HONDA當時的境遇截然不同。一九五四年1月，HONDA進入日本店頭證券公司交易，同年2月的財務期決定顯示，其銷售額增至前一年的三倍，再加上之前

HONDA以六千萬日元資本金採購價值四億五千日元設備的驚人之舉，HONDA一時成為社會熱議話題。因此，當本田在一九五四年3月20日公開宣布參加曼島TT賽時，一切看起來都順風順水。

本田當時發出豪言壯語：「從幼時起，我就有一個夢想，那就是用自己造的汽車，在世界級汽車賽事中稱霸……如今，我們已然確立了讓我擁有絕對自信的生產體制，可謂時機已到，我在此宣布，HONDA決定參加明年的TT賽……我們必須驗證日本機械工業的價值，並將其提升至足以向世界誇耀的水準。『啟蒙日本產業』便是我們本田技研工業的使命。在此，我正式宣布這一決定，並與諸位一同起誓，為了參加TT賽並奪冠，我們一定會全力以赴、發揮創意、不懈努力！這便是我的宣言。」

雖然在市售產品領域尚無法與全球車廠競爭，但在賽車領域，HONDA或許能與之一戰。上述洋溢著挑戰精神的熱情的宣言，由充分了解本田想法的藤澤背書。

可就在宣言發表後沒多久，HONDA就陷入了未曾有過的經營困境。

首先是其新發售的輕騎「朱諾」銷量低迷。該車的引擎由塑膠殼覆蓋，視覺設計的確清爽，但導致了引擎過熱的問題。

其次，之前一直作為HONDA「搖錢樹」級暢銷車型的「小狼F」的銷售勢頭也輝煌不再。由於競爭廠商們後來居上，推出了將引擎置於自行車三角車架的新設計產品，因此「小狼F」頓時失去了不少人氣。

此外，作為HONDA主力產品的「夢想號」系列摩托車在提高排氣量後，出現了不明原因的引擎問題，導致投訴不斷。換言之，HONDA在市場上的所有主要產品都在同一時期出現了問題。

為了弄清「夢想號」車型的引擎問題，本田不得不取消4月去歐洲的計劃，不眠不休地投入研究。當時，「夢想號」摩托車堆滿了出貨倉庫，它們中有的是叫停出貨的庫存，有的是來自用戶和經銷商的退貨。

當時在HONDA埼玉工廠從事裝配作業的新員工堀越升回憶：「有一天，上司叫我們全員集合。到了會場，本田先生和藤澤先生已經站在大家面前了。老爹的白色工作服有些髒污，且皺皺巴巴的，眼睛也因為充血而通紅。在藤澤先生說明了緊急事態後，就輪到老爹發言了。他不像平日那樣風趣地開玩笑，也沒有說『目標眼全球』之類的豪言壯語，只是解釋『夢想號』車型出現引擎問題的原因：汽化器的設計和安裝位置存在缺陷，使燃油供給中斷，最終導致車熄火。至於解決對策，他說『終於有了眉目』。他還向我們這些員工道歉，說對不起我們，給我們添麻煩了。當時，我心裡感到一陣酸楚。」

在不眠不休的努力之下，本田老爹最後終於解決了技術方面的問題，接下來就輪到歐吉桑藤澤出場了。

「社長，您去歐洲吧。」

「我不在，真的沒問題？」

「您不在的話，我反而更容易展發工作呢！您就僅管放心去歐洲考察吧，就把這裡交給我了。」

在推遲兩個月後的6月，藤澤終於讓本田實現了旨在考察TT賽的歐洲之行。

技術的問題解決後，HONDA面臨的燃眉之急是資金周轉。庫存堆積，待付款日益增加，導致HONDA的資金周轉狀況急速惡化。

當時，HONDA自有的生產設備並不完善，其造車的零件幾乎都是從供應商處採

購，然後再自行裝配成整車。對於當時的這種情況，河島喜好回憶道：「廠裡連一個齒輪都造不出來，有的只是裝配流水線和塗裝流水線。就連焊接都是外包的。」

因此自不必說，一堆零件供應商都等著收款。在如此緊迫的局勢下，藤澤於是決定「豪賭一把」！

一九五四年5月26日，藤澤把各供應商負責人請到HONDA，請求他們暫時不要催要一部分應付款。當時，藤澤先是毫不掩飾地向他們說明了HONDA當下的窘況，然後向他們懇求道：「我們公司目前無法像之前那樣按時全額地支付貨款。鑒於此，包括接下來要採購的和已經採購的零件在內，我希望各位能以接受先支付30%，剩下的日後支付的方式，我們不開具相應的支票。懇求各位予以理解，接受我們的請求。」

對於當時的情形和心境，藤澤後來回憶道：「對於暫時不付的貨款，如果當時給供應商開具支票，那對HONDA來說太危險。當然，如果供應商們不買帳，HONDA就得不到零件，最終也只能停產。我當時嘴上求著他們，可內心卻膽戰心驚。當他們答應了我的懇求時，我總算鬆了一口氣，感覺人都要癱倒了。」

假如藤澤當時輕易答應開具支票，HONDA就可能由於支票被銀行拒付而破產。面對藤澤的懇求，除了兩三家供應商表示不再合作，絕大部分供應商都接受了他先以現金形式支付部分金額的提案。

另外，藤澤又向HONDA的企業開戶行三菱銀行尋求支援，並第一次獲得了融資。通過此舉，不僅緩解了HONDA當時的資金周轉困難，同時也讓藤澤認識到通過借款鞏固與開戶行之間的合作的必要性。

對此，藤澤後來回憶道：「當時面對銀行，我毫不掩飾地和盤托出HONDA面臨的所有負面問題。因為我覺得，只有讓銀行全面了解情況，他們才能做出正確判斷。」當時三菱銀行京橋支行的行長也非常幫忙，他拼命向上級解釋HONDA的現狀和未來的計劃，對HONDA提供了全面支持。

在藤澤為資金問題馬不停蹄地奔波時，本田已經抵達英國曼島，開始實地考察TT賽。在這裡，他首次見識到義大利和德國等車廠的GP競速摩托的威容；比賽開始後，摩托飛馳的速度更是令他極度震驚。

在出發前，本田宣稱「我們HONDA將來要參加250cc級別的比賽，我們的競速摩

托要達到平均每升排量5馬力的動力水準。」250cc就是25馬力。可那一年奪冠的摩托，其動力已接近150馬力。世界頂尖水平的高度，遠遠超乎了本田的想像。

本田在寄給藤澤的信中寫道：「6月14日，我首次觀賽，實在太震憾了。讓我學到了許多，同時也讓我有了信心，這令我欣喜。你打理公司的事情想必十分辛苦，拜托繼續努力。」由此可見，即便大受衝擊，本田也一如既往不服輸。之後，他考察了英國、法國、德國、鄰大利的摩托車廠商，還買了一大堆相關部件，連拿帶背地飛回了羽田國際機場。當時已是7月底了。

前來接機的藤澤的笑容，向本田表明公司的資金周轉已經熬過最困難時期了。

但實際上，困境並未完全過去，直到當年10月，HONDA依然處於走鋼絲般的經營不振狀態。可就是在這樣的情況下，本田依然成立了「TT賽項目推進總部」，並命令河島研發參賽用的引擎。

「咱們真的要參賽？」河島半信半疑地問道。

「對，一定要。再這麼磨磨蹭蹭地拖下去，就會被西方車廠越甩越遠。你看咱們公司，現在大家都很辛苦，可越是這個時候，就越要有夢想。明日盛開之花，必須趁現在播種。」

繼物資和金錢之後，下一個考驗HONDA的因素則是——人。

雖說當時HONDA已然度過了最危急的時刻，但勞動糾紛依然在公司內持續不斷。在那個年代，許多日企都被勞資糾紛問題所累，為此消耗了大量精力。當時還是新興企業的HONDA，也在前一年成立了工會。

一九五四年末，工會要求公司給每名員工發放二萬五千元的年終獎，藤澤則提出「每人一律五千元」。此話一出，立刻遭到了工會執行部的強烈反對，執行部還提出了團體交涉（也就是集體談判）的訴求。對此，藤澤提出的條件是，交涉不在執行部進行，而在HONDA的主力工廠——埼玉工廠進行，並要當著工廠全體員工的面。工會最終同意了該條件。

對於此舉，藤澤日後解釋道：「（當時）之所以提出該條件，是為了在全體員工面前直接闡述我的想法。這樣面對面的信息傳達，也能避免執行部以後擔責。」藤澤

之所以提出如此低的獎金額，其實是為了照顧供應商，而直接交涉則是為了避免工會分裂，進而避免外部組織的介入。

交涉時，藤澤隻身來到埼玉工廠。臘月的寒風中，他站在一千八百名工會成員面前，接受執行委員長的質問。

「對於五千日元年終獎這個數目，你自己怎麼看？」執行委員長問道。

「少得離譜。可就算這次多給大家一些年終獎，等到之後公司倒閉時，大家肯定還會來質問我『為什麼不努力一把』『為什麼之前不勒緊褲腰帶』，而我作為企業經營負責人，也的確難辭其咎。既然如此，不如大家先咬咬牙，反正明年3月又是銷售旺季，到時候咱們再來談加錢也不遲。」

藤澤如此回應後，有人率先鼓起了掌，且掌聲逐漸響徹整個會場。

「本次團體交涉到此結束。」委員長說道。

最終還是擺脫了危機！

一九五四年，可謂HONDA創立以來的危機之年，而日本摩托車行業的大環境也類似。那一年，許多魚龍混雜的兩輪車製造商都相繼倒閉。而藤澤這位「一代軍師」則通過最大限度地支持本田宗一郎不斷逐夢，最終使HONDA擺脫了危機。

首先，藤澤把本田充滿豪氣的「宣言」作為賣點，說服零件供應商和產品經銷商「為HONDA的將來投資」。其次，本田作為社長，在HONDA生死存亡的關頭居然前往歐洲考察的舉動，大大消除了協力廠商的不安。還有，本田堅持挑戰賽事的進取精神也鼓舞了廣大員工，激發了他們的忠誠心和進取心，讓他們團結一致謀求公司全面發展。

除了上述「動之以情」的手段，藤澤在實務方面亦開展了踏實且理性的改革。比如為了引入現代化企業的薪資體系而向勞動人事部的官員請教，又比如優化改良生產管理體系等等。

總之，HONDA雖說在一九五四年初就已上市，但當時其企業內部仍然存在學徒制度文化的殘餘，仍未從街頭巷尾的小工廠中完全轉型和蛻變。而一九五四年的危機考驗，則是促成其蛻變為現代化大企業的一大轉折點。之所以能實現這一切，靠的是HONDA的另一位創始人——藤澤武夫的才智。否極泰來，一九五五年初，雖然經濟仍舊低迷，但到了那年秋天，日本經濟急速復甦。當時，豐田皇冠軍型問世；東京通信工業（即後來的SONY）推出了首款半導體收音機，並引爆社會話題……技術革新不斷創造投資的良性循環啟動，日本的高度經濟成長期拉開了序幕。

在度過一九五四年的危機之後，藤澤在離HONDA總部不遠處的銀行越後屋大廈租了一間房，並將房間牆壁塗成純黑色，整日待在那裡。與此同時，日本為了研發參加曼島TT賽用的引擎，整日泡在埼玉縣的白子工廠。換言之，HONDA的這兩大創始人都不再頻繁出入八重洲的總部，公司邁入了名副其實的分工管理體制。從那之後，二人見面甚少，直至引退之前也就每年在餐館碰過幾次頭。可謂是貫徹了彼此的默契「無怨無悔、我走我路」的風格。

當時，「窩在」銀座辦公室的藤澤每日思索一個重要問題是：從小工廠起步而發展至今的HONDA，如何成為真正意義上的大企業。為此，他找來了當時被視為「明星榜樣企業」的有價證券報告書，包括東洋人造絲（即如今的東立化工公司）、同行業的豐田和日產，以及日立和松下等。有別於學者和分析師，他是以實務家的視角來

分析這些企業的經營狀況和模式。

研讀資料累了，他便在銀座散散步，然後再回到辦公室閱讀邱吉爾和戴高樂等人的戰爭回憶錄。這兩位歷史人物直面難局的態度和方式，非常值得企業經營者學習。至於這種類似「閉關」的手段和效果，則源自當時三菱銀行副行長川原福三（後來曾任HONDA的法定審計師）給藤澤的建議。

川原對藤澤說：「你應該弄個茶室，裡面電話也別裝，嘗試一下與外部徹底隔絕的生活。我尊敬的好幾位三菱元老以前都曾這麼做，他們最終為三菱集團做出了巨大貢獻。」

藤澤當時回應道：「我不會茶道，也不想學。」不過，他後來還是在與總部「保持適當距離」的地方有了個個人空間，是適合閉關冥想的「茶室」。

據藤澤後來回憶，「不去公司上班」這一行為起初給他以「奇怪的感覺」，但過了一段時間後，這種暫時抽離其中、置身事外的做法，反而在審視企業組織方面效果頗大。數年後，藤澤在位於東京六本木的新居中開闢了一處茶室。

除了剛才提到的名人戰爭回憶錄，藤澤還愛看知名記者清澤洌所著的《日本外交

史》以及史學家平泉澄所著的《萬物流轉之法則》等書。有意思的是，清澤是反戰自由主義者，而平泉信奉「皇國史觀」，二者可謂奇異的組合。但藤澤看這些書時，其實是在提取其中對企業經營有益的啟示性內容，從而為我所用。

4．企業即藝術

當時，藤澤常常掛在嘴上的一句話是「企業即藝術」。

換言之，他將企業組織和企業經營比喻為藝術。他堅信，自由闊達的精神和感性敏銳的創造性，乃是活力的源泉。

對此，藤澤在他所著的《執手火炬》一書中寫道：「當時社會上有淺薄的謠傳，說什麼『本田和藤澤關係不好』。可在我看來，公司高層並無必要整日出雙入對。假如兩人一年365天一直形影不離，只能說明彼此沒有完全做到心意相通。反之，只要相互存在維繫，即便表面上各自分開行動，也沒有問題。我愛好音樂，所以接下來以音樂作比喻。直到十九世紀，交響樂的形式一直較為固定，即『此處為第1號小提琴』『此處為第2號小提琴』『此處為大提琴』的固定分組編排方式，打造出井然有序的交響樂作品。可後來，以巴托克為代表的音樂家卻另闢蹊徑，拆散和打碎了這種固定編排。從表面上看，這似乎使樂團內的各位演奏家彼此遠隔、各自為政，但整體上卻營造出了一個精彩絕妙的音樂世界。」

此外，藤澤還在該書中寫道：「我認為，現代化企業的經營者，應該像二十世紀後半葉的音樂一般。作為公司高層，應該摒棄『必須與團隊或組織共同行』的傳統思想。反之，應該聚焦自己的領域，敢於果斷地獨自採取行動。如果公司的數名高層都能像這樣各司其職、發揮所長，則這種各自的行動積累最終便能形成一股向著目標的合力，從而營造出積極的、良性的企業經管環境。」

藤澤對打高爾夫球和開車兜風之類的戶外活動並無興趣。雖然他也有駕照，但對他而言，開車只是單純的代步。

而對於藝術，他卻如數家珍。尤其在音樂方面，不管是西洋音樂還是日本傳統音樂，他都造詣頗深。他甚至還是被授予藝名的日本三味線常磐津市流派弟子；不僅如

此，作為華格納死忠的樂迷，他還曾親自去位於德國拜羅伊特的華格納的墳墓前祭拜。此外，他十分鍾愛頂級的美術、工藝和珠寶首飾。通過不斷接觸這些一流真品，他努力磨礪著自己的感性，進而運用在企業經營這種富有創造性的工作中。

在這樣的思索過程中，藤澤創造出了獨特的企業經營機制，如「專職制度」「將研究所獨立出去」「用於集體思考的幹部辦公室」等。這些機制，為HONDA日後的飛躍奠定了基礎。

本田和藤澤雖各自「我行我素」，似乎並無交集，但二人的目標其實相同。而曾風靡一時的「超級小狼」，便是巧妙結合二人迥然不同的個性而誕生的產品。該爆款車型當時使HONDA一躍成為世界首屈一指的摩托車製造商，正可謂本田的技術理念的經歷沉澱的集大成之作。

至於該車型的誕生過程，則要從一九五六年說起。那年末到第二年新春，本田和藤澤一同前往德國和義大利進行考察。在從日本出發的飛機上，藤澤向坐在身旁的本田試探道：「社長，怎麼也得推出排氣量50cc的大眾車型。像小狼那種在自行車上裝個引擎的助力車已經行不通了。您能不能設計出一款像摩托車那種覆蓋式車身的車型呢？」

當時，作為引擎助力自行車的替代品，一種附有腳鐙子的小型摩托車（人稱「Moped」）已然在日本出現。對HONDA而言，要想在如此變化的市場中站穩腳跟，就必須推出以大眾為目標人群的「薄荷油」類產品，然後以預估生產的方式構建大規模量產的機制。為此，藤澤心心念念想要一款能為HONDA打好底子的產品。

「說什麼呢……50cc這種小排氣量的摩托車哪能做啊？」本田如此回應道。

因為本田當時的心思全在頂級競速摩托車引擎那裡，他一心想追求的一直是高速和大馬力的傢伙。

到達歐洲後，他們又乘坐環遊南歐的火車，由於火車是逢站必停的慢車，因此車程長達72小時。其間，只要本田一有空，藤澤就開始和他嘮叨50cc摩托車的事。本田是個嫌煩的人，可藤澤就是故意纏著他不放。

藤澤不停對本田說：「沒有這個（小排量摩托車）是不行的，如果造不出來，本田技研工業將來的發展空間就很有限了。」

在德國，他倆到處參觀摩托車。或許是藤澤的碎碎念奏了效，只要看到與藤澤口中的小型摩托車似的車，本田就會問藤澤：「這種如何？」

「不行。」

「那這種呢？」

「這種沒意思，造出來也不好銷。」

「這也不行那也不行，你說的車型根本不存在嘛！」

「就是因為不存在，所以才求您造出來呀！」

此番激將法，果然點燃了本田天生的技術熱情和創意鬥志。待回國時，本田腦中已有了大致的設計構思。之後，HONDA內部召開了幹部會議。其間，二人做出了研發新產品的指示。

本田的「技術哲學」包含兩點：一、是對高轉速引擎的徹底追求，二、是有別於他家的獨創設計。可謂貫徹了速度與美學這兩大要素。

在研發「超級小狼」的那段時間裡，每天早上一到研究所，本田首先會衝到設計

室，大聲對裡面的員工們說：「喂！我昨晚想出了這個方案！」於是員工們聚過來一起聽他講。只見他嘴角冒泡，滔滔不絕，越講越興奮，最後嫌口頭說明太麻煩，乾脆坐在地上用粉筆畫起構想草圖。有畫的過程中，他的手速跟不上思維的速度，於是用手把圖擦了又畫，畫了又擦，宛如街頭藝術家。

等到員工開始正式畫設計圖時，在其身後看著的本田會冷不防地來一句「這裡不對」，然後用鉛筆在好不容易畫得很精密的圖紙上粗暴地畫線標注，弄得設計隊伍戰戰兢兢。但是，員工們也很佩服本田：「（本田）他看圖紙的時候不僅速度快得嚇人，而且觀察敏銳，能夠一眼發現設計圖的問題所在。」本田留下的語錄中有兩句是「創意功夫源於迫不得已」「常識是為了被打破而存在的」。而上述可見，他本人的確是這兩句話的踐行者。

「我們要打造的既非摩托，也非輕騎。」在本田如此獨特的設計理念之下，僅設計就耗費了八個月。而先前在「朱諾」輕騎車型中所犯的塑料件設計缺陷錯誤，也為設計「超級小狼」提供了經驗教訓。

實車模型一完成，本田就把藤澤叫到研究所，滔滔不絕地講解該車獨有的優點，

一直講了將近15分鐘。

講完後，本田問藤澤：「專務，怎麼樣？你看這車能賣出多少輛？」

「嗯，這車有搞頭，絕對有銷路。我想3萬輛左右應該可以。」藤澤答道。

在場的研究所員工插嘴道：「您是說年銷量3萬輛？」

「說什麼傻話呢!當然是月銷3萬輛！」藤澤糾正道。

聽到這句話，包括本田在內，個個都瞠目結舌。

在那個年代，HONDA的兩輪車的月銷量是六、七千輛，而縱觀當時整個日本的摩托車月度總銷量，最多也只是在4萬輛左右徘徊。聽到藤澤預測單一車型的月銷量可達3萬輛，難怪大家都會感到驚愕了。

在著手研發的起始階段，藤澤曾對本田說：「造出的車子要讓睡在旁邊的傢伙都同意買。」言外之意，這款車型必須博得婦女好感，讓她們同意自己的老公去下單。

藤澤還認為，普通的摩托車引擎外露，設計粗獷張揚，因此在女性眼中屬於令人害怕的交通工具。鑒於此，他之前就建議本田「打造一款看不到內臟（引擎等部件）的車」。

當時恰逢被稱為「三種神器」的洗衣機、吸塵器、電冰箱在日本家庭中普及，主婦執掌消費主導權的時代已然來臨。縱觀摩托車消費市場，讓女性能像操作家電般輕鬆駕馭的產品自然有巨大的需求潛力。在「超級小狼」的實車模型中，其前葉子板和電瓶盒皆為聚乙烯材質，使得車身整體呈外擴的曲面線條，十分時髦。這也與藤澤心中的理想設計完全相符。

話雖如此，「月銷3萬輛」的豪言，也並非源於藤澤的胸有成竹，而是故意對研發和生產環節施加的壓力：「為了賣出去這麼多輛，（我們）銷售部已經做好了足夠的心理準備，下定了堅定的決心，所以你們必須打造出夠優秀的產品。」

對此，當時負責銷售的川島喜八郎回憶道：「藤澤先生的厲害之處在於，早在超級小狼研發伊始，他就已經提前告知本田先生該車型與市場情況相符的理想售價。而本田先生也以此為準繩，指導研發團隊。可本田先生出於工匠的良心，對於無法妥協的細節不斷修改，從而導致成本逐漸增加。而藤澤先生卻對此採取無視態度：不管成本是多少，既然該產品的合理售價是這個數字，那定價就是這個數字。於是，超級小狼的售價就這麼敲定了——5.5萬日元。當時真是嚇我一大跳！因為倘若月銷量無法突

破1萬輛，那公司可就虧慘了。但如果能實現月銷3萬輛的目標，成本就能拉平。定好售價後，藤澤先生要求本田先生務必以此為基準，而本田先生也是個狠人，他對此答道：『沒問題，我會做到的！』」

從著手研發直至完成，總共花了一年零八個月，這在HONDA屬於罕見的超長研發周期。終於，「超級小狼」在一九五八年夏天發售了。

在銷售方面，藤澤又採用了直接郵寄DM廣告戰術。全國各地的摩托車和自行車銷售門店自不必說，就連原本與摩托車風馬牛不相及的木材店、乾貨店，乃至栽培香菇等食用菌的業者等，都成了藤澤試圖「拉攏」的對象。因為賣摩托車這個行當少不了售後服務，所以藤澤旨在讓「紮根當地」的人成為「超級小狼」的銷售夥伴。以此為契機，HONDA對銷售網絡重新進行了編排。

從收到的三千封意向信中，藤澤選出了大約六百家，加上既有的加盟銷售點，HONDA在日本全國擁有了規模為一千五百家店的銷售網絡。而藤澤試圖以該網絡為支撐，實現月銷三萬輛的目標。

廣告宣傳是藤澤的拿手好戲，對於即將發售的產品，他會一點點地披露其外觀等細節，也就是如今所謂的預熱。此外，他還會買下報紙的整整一個版面來登廣告……總之，藤澤的宣傳活動既有奇思妙想，又十分大膽。

對此，川島回憶道：「但凡涉及廣告宣傳，便是我們這些周圍的人不得插嘴的禁地。藤澤先生會全責全攬，旁人不可多言。」

當時，藤澤經常與公司外的年輕人聚在一起，他們之中有設計師、音樂家、證券分析師……可謂人才濟濟。而藤澤則一邊與他們喝酒，一邊從他們那裡獲取信息和靈感。一些HONDA產品的知名廣告詞便由此誕生，「老媽，蕎麥麵可筋道了！」便是其中典型。該廣告詞配著一張照片，照片上是一名蕎麥麵店的小夥計，站在店門前，一手舉著外送讓人滿意的蕎麥麵，一手撐在「超級小狼」的把手上。

在該車型的研發階段，本田就曾說「要打造一輛讓送蕎麥麵的小夥計能夠單手騎行的車」，且他最終給出了解決方案——不用手動操作離合器的半自動結構。

藤澤日本後來也說，「社長說『超級小狼』適合蕎麥麵店送外賣用，我覺得這個主題可以利用」，於是便有了該廣告。效果十分顯著。購買該車型的蕎麥麵店急增，而在路上撞見騎「超級小狼」的外賣小哥的概率也越來越高。

該車型的產量自然也直線上升。一九六〇年，其生產據點轉移至新建的鈴鹿工廠時，月產量已增至2.5萬輛。由藤澤提案、由全盛期的本田傾注工匠才能打造而成的這一傑作——「超級小狼」成為HONDA的經典長銷車型，且未經歷大改款。直至今日，它依然在全球13個國家和地區生產，在160個國家和地區銷售。截至二〇〇五年12月末，其歷史累計銷量已突破——五千萬輛！

一九六〇年7月，「本田技術研究」所正式從HONDA獨立出去，成為一家新公司，並舉辦了成立儀式。這家新公司50％的股份屬於本田技研工業，剩下50％則由本田和藤澤對半分。新公司的社長是本田，副社長是藤澤。

在成立儀式的領導致辭環節，本田說道：「在當今競爭如此激烈的環境下，若我們沒有獨創性，便無法與全球的一眾車廠分庭抗禮。從很久以前起，我們國家就是個靠創意發展的國家……」此番講話，體現了他放眼世界舞台，直面技術競爭的決心。

縱觀各大車廠，將自家研發部門以公司的形態獨立出去的，直至今日，依然唯有

HONDA。該構想其實也來自藤澤，他不僅如此提案，而且以近乎硬來的方式促成了此事。

「HONDA能有今日，靠的是本田宗一郎的優秀圖紙（技術），但公司發展不能總是依賴一個天才的能力。為此，公司必須有一支技術隊伍，並確立能不斷提高這支隊伍整體能力的機制。」當時，每當看到本田奮鬥辛勞的身影，藤澤就會這麼想。畢竟，HONDA的業務體量早已超越了本田個人能夠執掌帷幄的限度。可縱觀那時的實際情況，只要一想到HONDA失去本田後研發實力剩幾成的問題，藤澤就不寒而慄。

作為改革的第一步，藤澤引入了專職制度，旨在消除技術人員在晉升方面的不利因素。改革的第二步，便是一九五七年啟動的「研究所分離、獨立推進計劃」。HONDA總公司屬於金字塔形組織，因而無法為技術人員營造心無旁騖、埋頭研發的環境。鑒於此，藤澤認為唯有將研究所獨立出去。

本田技術研究所成立後，為了進一步增強其獨立屬性，藤澤計劃將他與本田持有的本田技術研究所的股份移交至財團，甚至連財團的名字他都想好了——「創成會」。可在提出在美國發行相關預托證券的申請階段，由於美方認購公司有疑義，最

終導致整個計劃化為泡影。這件事後來在《HONDA 50年史》一書中披露。而藤澤這未能完成的「夢幻構想」，也恰恰體現了其對研究所、對技術開發的無比期待，是一段引人興味的逸話。

一九六一年，本田研究所新址在埼玉縣大和町（和光市）落成。在落成簡介中，作為技術研究所社長的本田，留下了這樣的寄語：「思想是企業發展的原動力。因此即便是研究所，比起技術，更應重視工作於其中的人的思想。我認為，真正的技術乃是哲學的結晶，即在放眼世界、目光長遠的基礎上，尊重理論、創意和時間，進而打造出世界各地消費者喜愛的產品。在我看來，這才是研發的真正意義。」

該時期，藤澤大力推進研究所的分離、獨立計劃。他這種旨在充實HONDA技術的「政策傾斜」，令本田這個技術出身的人都感到不知所措。與之相對，本田當時卻主張「比起技術，思想更重要」，等於在強調理念的重要性。這真可謂奇妙的角色轉換和組合，雖然二人的立場與觀點不同，但卻都高瞻遠矚、放眼全球！

第七章

放眼全球、鷹揚天下

什麼是「失敗談」？就是談一些失敗的經驗。什麼是「成功談」？就是專談他的成功史。我不喜歡聽人家的成功史，因為他人的成功不一定對我有幫助，可是他人的失敗可以作為他山之石，拿來攻玉。所以，我對他人的成功不感興趣，反而對他人的失敗特別有興趣。

聽聽人家的「失敗談」，便可叫自己不要犯同樣的錯誤；因為能夠避免犯錯，才有成功的希望。至於聽人家的「成功談」，他人的成功肯定有他人的條件，他人的條件不一定和你的條件一致，聽這些「成功談」對自己毫無幫助，所以我就不喜歡去聽，原因就在這裡。

——本田宗一郎

1．挑戰全球市場

當本田和藤澤前往歐洲考察時，作為銷售部門科長的川島喜八郎去了東南亞，調查當地市場情況。第二年（一九五七年），他又去美國調查。當時，映入川島眼帘的美國是名副其實的「四個輪子上的國家」。對美國廣大市民而言，汽車簡直就是日本「木屐」一般普通的移動工具，是生活必需品。與之相對，騎摩托車的人被稱為「黑夾克」（Black Jacket），在旁人眼中，他們是一群穿著皮夾克的「混混」。而縱觀美國當時的摩托車年銷量，總共也才6萬輛左右。此外，大多數摩托車銷售門店環境昏暗，店面還有油污，真可謂又暗、又亂、又髒的集中營。

「摩托車在美國實在沒前途！」通過親身調研，得出該結論的川島提議道：「作為進軍海外的第一步，比起美國，我覺得東南亞市場更易開拓。」

但藤澤堅持認為，只有美國才是實現HONDA夢想的「主戰場」。

最後，藤澤拍板道：「美國是資本主義的代表，是世界經濟的中心。如果能在那

裡獲得成功，我們影響力便能傳遍世界。反之，如果產品無法在美國取得成功，便稱不上『國際化產品』。所以說，還是應該先進軍美國市場。」

關於出口，有的幹部建議委托商社（貿易公司），而藤澤主張在美國當地設立HONDA直營的銷售公司，從而開拓自己的銷售網絡。

當時，熱銷車型「超級小狼」使HONDA擁有了拿得出手的出口產品。再加上該車型成本較高、售價較低，必須靠數量來贏利，因此出口可謂「剛好有這個需求」。在那個時代，日本外匯儲蓄仍然不足，所以政府對於大額換匯有限制。HONDA之前進口大量生產設備時花了不少外匯，這給通產省落下了話柄，其官員譏諷道：「HONDA從外國買機器最積極，但一點兒都沒給國家出口創匯。」因此，等到HONDA為了在美國設立現地法人機械而向大藏省申請購匯一百萬美元並匯往美國時，馬上遭到了駁回。大藏省認為，日本的幾家大牌汽車製造在商美國市場都陷入了苦戰，區區摩托車製造商，怎麼可能成功。

對此，藤澤懇求道：「眾議院先生，我以前沒有求過您，以後也不會，就現在求您這一回。您這次助我們HONDA一臂之力，等於是在造福日本，所以請讓我們再用一次外匯……拜託各位了……」最終，大藏省批准了藤澤的請求。

一九五八年5月，藤澤對川島說：「我決定讓你去美國，你是我唯一的王牌。」一對此，當時還只有39歲的川島有點錯愕和猶豫，他說：「我負責這麼重要的工作沒問題？真是接了個責任重大的差事。」話雖如此，他還是以美國HONDA經理的身份去了美國，在洛杉磯找了個地方當辦事處。從一九五九年9月起，美國HONDA便開張營業了。

「超級小狼」在美國人氣頗高。其車前蓋和寬幅踏板的設計，保證了女性在騎行時裙子不容易被掀起。這種不像傳統摩托車的車型，一改美國人之前對摩托車暗、亂、髒的固有印象。

「超級小狼」當時在美國的售價為250美元（在當時等於9萬日元），對當時的美國大學生而言，只要積攢下零花錢，或者辦個分期，便能買下。這使得越來越多的大學生將它作為校園人的代步工具。到了一九六一年，「超級小狼」突破了其在美國市場的銷售目標——月售千輛。當時，美國HONDA在LIFE等畫報雜誌上刊登廣告，不

斷向美國大眾宣傳其產品理念，「摩托車外形時尚、價格適中的大眾商品。」這使得「超級小狼」一度成為美國人選擇送人的人氣生日禮物之一。

一九六四年，在奧斯卡金像獎的頒獎典禮上，HONDA成為首個外國品牌廣告贊助商，其電視廣告在全美播放。憑藉這種產品形象戰術，HONDA最終扭轉了美國社會對摩托車根深蒂固的偏見，並使「HONDA」這個摩托車品牌在美國市場站穩了腳跟，為其成為世界級企業跨出了堅實的一步。

至於藤澤「征服全球市場，須自美國始」的思想戰略，則要等到一九七八年才真正開花結果。那一年，HONDA正式啟動了在美國當地的生產基地。

實現這一計劃的，是繼任本田社長一職的河島喜好。一九七二年，HONDA發售的「喜美civic」汽車在日本國內和海外市場的銷售勢頭都十分喜人。鑒於此，增設鈴鹿工廠相關生產線的計劃被提上議程。可河島對此持不同意見：「與其在國內增加產能，不如去美國搶占先機，目前還沒有日本車企在美國建廠生產，所以我打算在美國建立兩輪車乃至四輪車的生產基地。」於是，HONDA開始了在美國建廠投產的籌備工作。

對於該決斷，河島日後曾吐露真言：「其實在美國建廠的動機並非那麼單純，那麼豪邁。當時『喜美』在發售的第四個年頭突然人氣爆棚，因此在鈴鹿工廠增設第二條生產線的計劃被提上議程，並且已經在董事會通過了。可時任社長的我對此興致不高，總覺得這麼做不對。因為倘若實施該增產計劃，就等於與豐田全面開戰了。而這並非上策。當時HONDA和豐田實力懸殊，我們去挑戰對方，就好比『十兩』段位都不到的相撲選手去和最高段位的『橫綱』比試。」鑒於此，河島當時對川島和西田這兩位副社長提議道：「那乾脆在美國建廠？」

正當兩人不知所措、猶猶豫豫時，HONDA的兩大創始人——本田和藤澤投下了贊成票。本田當時鼓勵河島：「戰後日本的汽車產業之所以能興盛，美國可謂功不可沒。讓我們在『汽車王國』闖出一番天地吧。」可其他的高層幹部都反對此舉，且理由各式各樣，包括匯率浮動問題、員工素質問題，等等。

一九七八年，HONDA終於以「現地法人機構」的形式在美國俄亥俄州西南部的Marysville（馬里斯維爾）建廠，成為首個在美國當地建廠投產的日本車企。一九七九年，該工廠開始量產兩輪車；一九八二年，「雅哥」轎車開始在該廠投產；一九八

六年，「喜美」等乘用車也開始在該廠成功投產。哪怕在日美貿易摩擦最激烈的時期，美方依然評價HONDA是「對美國的經濟有貢獻」！

如今，僅有不到兩成的HONDA摩托車產自日本，汽車亦類似，多數在海外當地生產了。

HONDA的現任社長吉野浩行自信地說：「縱觀日本國內的汽車市場規模，即使算上輕型車，也只有全球的十分之一。也就是說，剩下的十分之九皆為海外市場。鑒於此，若能將海外的生產及銷售占比提升至九成，哪怕日本國內車市低迷，也是無關痛癢之事。縱觀日本目前的各個產業和領域，凡是沒有走出國門、沒有參與海外競爭的，皆在困境中徘徊甚至掙扎，比如金融、建築、房地產，等等。如果這些行業能積極走向世界、對外競爭，日子便不會如此難過。」

美國的消費者不看廠商的國籍和規模，只要是好貨，就會客觀地予以好評並購買，不太會有什麼偏見。SONY也好，HONDA也好，都以這樣的方式在美國市場掙到了好名聲，從而為企業的進一步飛躍發展奠定了基礎。由此可見，藤澤當初「須自美國開始」的思想戰略，可謂「一眼定江山」！

2．集體思考型的幹部辦公室

藤澤武夫常說：「企業創始人最重要的任務，是將企業經營的根本好好傳給下一代的接班人。」

這也是他將研究所從HONDA總公司獨立出去的主旨：創造一種能夠徹底發揮全體專職技術員能力的集體機制，從而替代「單個的天才」本田宗一郎。

與此同時，他又必須培養「銷售業務接班人」。

一九六二年春，年僅34歲的河島喜好已經成了HONDA的公司董事，前後一兩年內，不少年輕員工先後被提拔為公司高層幹部，比如河島當上了埼玉製作所所長，川島喜八郎當上了美國HONDA Motor的經理，西田通弘當上了海外業務部部長，白井孝夫當上了技術研究所所長。換言之，凡是之後有望成為專務（管理公司董事）的繼任者候補人選，皆先兼任部長或所長級別的職務。

有一天，藤澤把他們叫到位於東京八重洲的總部，命令他們先放下目前負責的具體工作，改在總部的一間名為「幹部辦公室」的大房間裡辦公。

「我們每天都有現場的工作要處理，在這裡能幹什麼？」

「我一直待在工廠的，來總部幹不了事兒。」

……

雖然他們平時都很親切地稱呼藤澤為「歐吉桑」，但似乎都無法立即領會藤澤的用意。三、四個月後，他們才明白了藤澤的一番苦心。

對此，後來曾任HONDA副社長的西田通弘感言道：「仔細想來，我們之前只是在從事分管的具體工作，至於身為公司董事該做什麼，完全沒有概念。而藤澤先生當時那樣的人事安排，旨在讓我們自覺認識到這一點。」

當時，藤澤分配給他們的任務是「思考董事應該做什麼？」於是，他們每天不斷展開討論，有時議題近乎「禪學問答」，有時一行人又會「轉戰」銀座的關東煮餐館或烤雞肉串餐館，邊吃邊談。

對於這段經歷，西田日後評價道：「當年本田先生和藤澤先生剛邂逅不久，二人便如同新婚夫婦一般，整日出雙入對、共同行動、相互商討。大約在HONDA創立後的第七個年頭，其企業理念已然形成。同理，雖然形式上存在差異，但我們這些後輩也共同討論了諸多問題，從而對彼此的脾氣和性格做到了知根知底。」

當時，藤澤把上述總部的那間幹部辦公室稱之為「集體思考型的核心幹部辦公室」。關於設立該辦公室的主旨，藤澤在闡釋道：「能成為核心幹部的人，必然是某個領域的專家。通過讓其不再分管具體部門、不再管理下屬，便能將其從紛繁的日常事務中解放出來，然後迫使其只能以一己之力，與其他核心幹部在一個辦公室裡開展工作。被委以如此重任的人，勢必眼光敏銳、反應迅速，在公司項目和事務等方面，哪怕涉及自己缺乏經驗的話題，也能夠發現具體經辦人未能察覺的盲點。此外，通過該核心幹部們共同辦公，還能讓他們加深相互了解、培養共同話題和意識，進而理解彼此的專業領域。如此一來，他們之間的溝通就會變得順暢，產生誤會和誤解的概念也會大幅減少。」

組織規模一旦擴大，其官僚體制的弊端便往往顯現出來。比如，部門領導整日忙於管理下屬和在各種待批文件和票據上蓋章，把注意力放在「保住自己的山頭」。對於研究所，在先前的獨立化改革中，藤澤已實現了扁平化的「鎮紙型」組織結構。至

於工廠及業務管理部門，其指揮命令系統總是不可避免地趨於金字塔型。要想讓HONDA不患上「大企業病」，不淪為官僚組織集團，就要讓高層幹部摒棄自己是部門領導的狹隘格局，高屋建瓴、高瞻遠矚地重新審視自己所在的企業。這也正是藤澤為自己和本田「退位」所做的準備，即在沒有他倆之後，HONDA能建立起一種集體領導制度，其目的在於保持HONDA當年作為初創企業的進取精神，包括激活幹部之間的意見交換、加快決策速度等。

而這些理念和點子，皆是藤澤在離開總部的那一處「茶室」中思考所得。

3．本田與藤澤兩種個性的天作之合

藤澤一向把本田當成公司的招牌，而自己則一直充當幕後人員的角色。通過做好這份「賢內助」的工作，他守護著公司，從而實現了自身價值，並實踐著「男人的美學」。換言之，他讓本田宗一郎這個名角在舞台上精彩亮相，「又跳又舞」，博得眾人贊嘆。而他則從中感受到了人生的意義。因此，他最後的使命，便是為名角鋪好功成身退的光鮮紅毯。

「喜美」推出後大獲好評，這使公司奠定了在四輪車市場的基礎。當時正值HONDA創立25周年，在藤澤看來，這可謂「急流勇退」的絕好時機。在下定決定後，那年正月，他便開始對周圍的人放風，暗示自己打算引退。當時，他並未聽取本田的意見，因為他覺得如果直接和本田去談此事，可能會搞得本田不知如何應對，所以算是一種體恤對方的表現。可後來當本田從公司幹部口中得知藤澤的退意時，宣布「要辭一起辭」。得知該消息後，藤澤感到後悔了。

對此，藤澤在《執手火炬》一書中感言道：「我與本田宗一郎相處了25年，那是我第一次，也是最後一次，做了對不住他的事。」

他在書中還這麼寫道：「漢學家吉川幸次郎先生曾說，經營的『經』字是經線的『經』。這句話實在太妙了。織布時，經線並不擺動，而是一直貫穿延伸。而『營』可謂緯線，只有在經線穩定貫穿的前提下，緯線才能移動自如。有一根貫穿始終的主心骨，然後再根據實際情況自如運作。這便是企業經營的真諦。我與本田宗一郎邂逅

並創立本田技術工業的頭兩年，我們時常促膝長談，相互交流意見，有時甚至聊到半夜三、四點。而在如此溝通中所形成的，便是本田技研工業的『經線』。至於該『經線』的性格，可以說，其既包含本田的幽默風趣，也包含我的浪漫主義。」

本田與藤澤在外表、性格、愛好等各個方面都對比鮮明。本田個頭小，頭腦敏捷，能說會道，但廢話也多，喜怒哀樂都擺在臉上，天生就是性格開朗、性情急躁的行動派；與之相對，藤澤個頭高，舉止穩重，屬於沉默寡言之人。在著裝偏好方面，本田鍾愛亮色，常常穿得比跑車還鮮艷；而藤澤愛穿傳統日式服裝，有時甚至會身著日式便裝、腳穿白色的日式短襪，趿著草鞋，悠然地來公司上班。在閱讀方面，由於本田擅長靠聽覺和視覺獲取知識，因此最多也就看點兒大眾文學讀本；而藤澤則涉獵頗廣，從文學類回憶錄，到戰爭紀實等歷史類。

至於其他的興趣愛好方面，本田年輕時經常和藝妓混在一起，也會吹吹洞簫、唱唱小曲，但他最大的愛好還是擺弄機器。退居二線後，他開始熱衷於打高爾夫，還在閑暇時學習日本傳統繪畫。在他留存於世的畫作中，有一些畫狗的作品，畫中的一根根狗毛纖毫畢現，體現了其現實主義的畫風。作為對比，藤澤對駕駛和運動毫無興

趣，屬於「室內型」的教養派，熱衷於鑑賞一流的繪畫作品和舞台藝術。

但在關於「活法」這一哲學方面，二人卻出奇地一致。他們敬佩彼此的優點，尊重彼此的個性，而在應該直言不諱時，他們也能做到開誠布公、真情吐露。有時，他們開玩笑搞得像激烈論戰似的，有時又簡直就是一個相聲組合，彼此過招，卻心心相印，配合默契。

在人生經歷方面，二人都成長在較為貧窮的環境下，也都未接受過大學之類的高等教育，且都在年輕時便自主創業、實現自立。這種幼時的貧乏境遇，較早的個人獨立，以及對戰爭的實際體驗，將二人磨礪為「人生的達者」。

這種特質和理念亦體現在他們對待下屬的方式上，比如對年輕後輩大幅放權等。當然，二人對下屬亦有嚴格一的面：本田不但會給年輕人吃拳頭，甚至還會把扳手扔過去；而藤澤也會大聲怒斥部下。但二人依然被員工們親切地稱為「老爹」和「歐吉桑」，因為他們的嚴厲是正面、積極、開朗的，而並非陰暗的「馭人之術」。此外，二人都善解人意，且喜歡默默努力。

對於私利私欲，二人皆恬淡處之；對於公私混同，二人皆嚴格自誡；對於金錢，

二人皆「患」有「潔癖」，凡是涉及自己玩樂的開銷，都自掏腰包……一九五四年，HONDA陷入經營危機時，二人還彼此約定——「咱們可別把自己的兒子塞到公司來」，從而杜絕了HONDA淪入「家族化」之虞。

就連比本田宗一郎小7歲的親弟弟本田弁二郎亦不例外。從ART商會濱松分店時代起，弁二郎就以技術員的身份與本田宗一郎一同打拼。即便如此，弁二郎依然在一九六二年辭去了常務一職，離開了HONDA。縱觀松下電器產業、豐田和SONY等知名日本企業，其創始人的子弟都作為後繼者而進入了公司，不得不說，HONDA的作風獨樹一幟。

引退後，藤澤成了公司的經營指南顧問，只有在公司高層提出請求時，他才會給予建議，或者穿著日式服裝，親自去總部一趟，但僅此而已，而並未再次「出山」。他主要的日常生活已轉為悠然自適模式。他家住六本木，隔壁就是他兒子開的美術古董店「高會堂」，而他是提供店鋪場所的「大房東」，平時埋頭於自己的興趣愛好，比如常磐津節流派三味線、西洋古典音樂以及美術等。

一九八八年12月30日晚，藤澤和家人吃著火鍋，享受著天倫之樂。飯後，他因突發心臟病去世，享年78歲。一九八九年1月，HONDA公司為他在東京芝公園的增上寺舉行了葬禮。葬禮上，對於這位逝去的盟友，本田沉重地致了悼詞：「我倆一路拼命奮鬥，徹底燃燒自我，實屬幸福。我倆在一起時，從不追憶過去，只暢談未來夢想……」

4．瀟灑走一回

65歲辭去社長一職後，本田依舊身體健康，精力旺盛，一天都閑不住，於是開始了遍訪HONDA日本全國各工廠和經銷店的「行腳之旅」。他乘著自己的私人直升機輾轉各地，在當地出行時則自己開車。這位商界英雄所到之處，人們皆予以熱烈歡迎，且爭相和他握手，這樣的「日本國內握手會」持續了一年半才結束。「行腳之旅」令本田患上了後遺症——腦中直升機螺旋槳的聲音總是揮之不去。整整花了兩年

時間，該症狀才消失。

雖然不再對工作執著，但本田與生俱來的好奇心並未衰退。在引退後，本田開始實驗「鬼火」（磷火），還從全球各地搜集來大量的UFO（不明飛行物）資料。此外，作為HONDA的「金字招牌」，他還傾力於參加與社會貢獻、海外文化交流等相關的對外活動。

各機關單位、社會團隊也紛紛邀請他擔任委員或幹部等職務，這使他的對外活動更加頻繁。而邀請他進行演講和參加媒體訪談節目的通告也紛至沓來。一九八一年春，他被授予瑞寶大榮譽勛章。其後，不少國家和學府也授予他勛章和博士學位。一九八九年，被美國收錄進汽車名人堂，他是首位獲此榮譽的日本人。

一九九〇年，為了表彰他對F1賽車運動做出的貢獻，國際汽車聯盟（FIA）授予他「金牌獎」。他是史上第3位獲此殊榮的人，前兩位是費迪南德・保時捷和恩佐・法拉利。此外，在本田的退休生涯中，每年7月，他都會在位於西落合的自家大宅裡舉辦香魚垂釣派對，招呼親朋好友共聚。來客中包括政界、商界、文化界及體育界的知名人士，可見其交友之多、人脈之廣。

而在反哺社會方面，本田和藤澤亦貢獻卓著——

一九六一年，二人自掏腰包，設立了名為「作行會」的獎學金機構，旨在為年輕的「科技人才」提供支持，前後總計有1735名科研人才受益。獎學金的支給為期三年，其間只要求獎學金獲得者寫一篇外文論文即可，至於獎學金的用途，也不設任何限制。二人可謂扮演了標準的「長腿叔叔」角色，貫徹了「做好事不留名」的宗旨。一九八三年，該機構解散。二人在引退後還設立財團法人機構「交通安全學會」。

一九七七年，本田又與弟弟弁二郎共同拿出40億日元個人財產，設立了「本田財團」，旨在召開以環境技術為核心主題的國際研討會，以及對有貢獻者頒發「本田獎」等社會公益活動。

在商界，如果要談起與本田最為意氣相投的摯友，則要數同一個年代，嶄露頭角的SONY的創始人——井深大（SONY是由井深大與盛田昭夫兩人創辦的）。

井深比本田小兩歲。一九五八年，作為戰後新興企業的HONDA和SONY正好都處於大步邁進的成長期，就在那時，兩人相識了。他倆都經歷過日本戰後的激蕩時

期，也都憑借著勇於挑戰的精神，使自己的公司成長為世界級企業，又幾乎在同一時期退居二線。他倆同氣相求，尤其在與「造物」「創意」息息相關的工匠特質方面。井深曾坦露：「我倆之間可謂『有求必應』的關係。我們曾彼此承諾，凡是對方拜託的事，就一定會答應。」

當臨時行政調查會的意見答覆被「閹割」了核心內容時，心生危機感的井深拜托本田擔任「全國行政改革推進論壇」的總幹事，本田欣然接受。於是，井深和本田這對「總幹事組合」奔赴全國各地巡回演講，呼籲改革。一九八四年出版的《我們的行政改革論》（井深大、本田宗一郎合著）一書中，收錄了二人的對談。在對談中，本田慷慨激昂地指出：「我想警示人們，倘若一味對官老爺俯首帖耳，只會把企業搞倒閉。而我可不會這麼做，這是我堅持的原則。」對此，井深深表贊同：「沒錯，結論就是如此。」在對談中，對於當時中曾根內閣試圖把「行政改革」這塊牌子換成「教育改革」的做法，二人表示了譏諷。而由此引申到教育的話題時，二人的情緒愈發高漲。

本田說道：「我這人沒怎麼上過學，所以和上過學的人相比，我不太懂教育什麼的。至於我為什麼不喜歡上學，是因為學校連我討厭的科目也教。如果學校能只教我擅

長的東西，那我就會喜歡上學了。所謂『什麼都會』的『全才』，其實等於什麼也不精。因此在我看來，目前日本的教育問題，在於培養出的都是只會賣弄點兒理論知識的『半吊子』。換成企業組織，如果不讓員工發揮自身特長，那企業連10天都撐不過。」

井深也說道：「義務教育本身已無必要。義務教育制度推出的原因，是由於明治初期，政府呼籲民眾讓孩子來上學，結果應者寥寥，所以才推出了這種強制性的國民義務教育制度。而現在的情況已今非昔比……」

本田與井深這對盟友的緣分和友誼的結晶，便是位於大分縣的社會福利企業「HONDA太陽」。一九七八年1月，在井深的介紹下，本田拜訪了位於大分縣別府市的「太陽之家」，該機構由整形外科醫生中村裕運營。中村提倡的理念是：雖然人有身心殘疾一說，但在工作面前人人平等。比起看護，福利機構更應給予殘疾人工作的機會。他認為，參加生產活動，以社會成員的身份與健全者共同生活，才是殘障人士真正的幸福。因此，在一九六五年，他設立並開始運營社會福利法人機構「太陽之家」，旨在培訓殘障人士的工作技能，並為他們提供工作崗位。

當時，跟隨著中村參觀「太陽之家」的本田，看到重度身殘者努力勞動的樣子，頓時非常感動。他說：「不知為何，我眼淚忍不住就嘩嘩地下來了。」之後，他決定：「我們HONDA也必須為這份福利事業貢獻力量。」很快地，他便把兩輪車速度表等零件的製造工作委託給了「太陽之家」。

一九八一年，在數家相關公司的出資下，「HONDA太陽」公司正式設立。該公司的機制較為特殊——生產活動的管理及運營由企業方負責，員工的健康管理及日常生活則由「太陽之家」提供支持。該工廠的產品包括輪椅等。

兩年半後的一九九一年8月5日，身患癌症的本田由於突發性肝衰竭，在順天堂醫院去世，享年84歲。世界各地的媒體都報導了這一噩耗，美國的《紐約時報》甚至用了整整一個版面追悼他，評價他為——「反抗政府做法的反骨汽車技術專家，從戰後廢墟中創造出世界頂尖企業的企業家。」

本田生前曾叮囑公司不要為他舉辦葬禮。他說：「公司葬禮排場太大，勢必會造成交通擁堵，給大眾帶來不便。咱們作為造車人，可絕不能這麼幹。」

為了尊重本田的遺願，公司沒有為他大操大辦葬禮，只是在東京青山的總部以及埼玉、鈴鹿等各地工廠象徵性地舉辦了追悼會。前來悼念者總計竟高達6.2萬餘人。

在接受報社採訪時，井深大對此評價道：「本田先生既不舉辦葬禮，也不讓人守夜。他為這個世界留下了許許多多的貢獻。而現在，在他人生的終章，他又一次做出了令人們欽佩的壯舉。」

井深大參加完追悼會正要離開時，突然又轉身走了回來，站在HONDA和SONY共同開發的小型發電機面前，佇立了許久。他當時嘟囔道：「我聽到了本田先生和我說話，叫我繼續從事創造工作，先不要跟他去。」

一九九七年12月19日，井深大因急性心臟病去世，享年89歲至此，這兩位名副其實的「造物天才」永遠離開了。

但他們精神永恆，雖形式不斷變換，但本質從未改變。在眾多知名和一流企業業績不振或陷入危機的當下，HONDA和SONY因為堅守初心不斷飛躍，朝著既定的大方向堅定不移地前行。而在背後作為支撐的「核心力量」，便是本田宗一郎和井深大所根植的創造和創業精神。

第八章

本田的經營哲學

有正確的思想和哲學，便可保證企業會永存不亡。沒有正確的思想和哲學，企業就危險了，一發生挫折便會失去方向。就好像機械缺了燃料和潤滑油，就不能動了。

什麼是企業的正確哲學？企業若把賺錢作為經營思想，這個企業保證不會長久安定與成長。把企業作為「私產」來經營，這個經營哲學也是不對的；誰會保證第二代或第三代人不出個惡妻孽子、低能子孫？

企業的存續是對社會有貢獻才會萬代長青，把企業看做公家的事業來經營，經營者就不會以私害公。有了正確的企業經營哲學，難道這家企業還會中途失速（發生故障）嗎？

——本田宗一郎

1．追求三個喜悅

本田宗一郎把「三大喜悅」作為本田公司的座右銘，它們是製造的喜悅、銷售的喜悅以及購買的喜悅。

第一大喜悅，由技術工作者獨占

就如造物主憑藉其豐富無邊的「創作欲」造出宇宙自然萬物那樣，技術工作者通過自己獨特的創意，成功地創造出能夠貢獻社會的產品時，其喜悅無可替代。倘若該產品十分優秀，在社會上廣受歡迎和好評，這份喜悅則愈發無與倫比。我自己也是一個技術工作者，因此我平時一直把打造這種產品作為奮鬥目標，並為不邂努力。

例如，有的女子雖然算不上是大美女，但她的儀態很美。比起女子的相貌，我這個人更看重其儀態。臉是天生的，但儀態是好是壞、是優是劣，就得靠腦子了。在我看來，儀態是心靈的鏡子。

摩托車亦是如此。我堅信，內在優秀的車子，比如引擎構造完美、各項功能充實等，其外表也同樣討人喜歡。

我個人喜好優雅大方、儀態端莊，又蘊含些許個性的外形。而這次推出的四衝程「夢想號」車型，在設計之初，便注入了這樣的設計語言。今後，我也會繼續努力實現心中的理想設計。我不喜歡那種堆砌裝飾的設計，在我看來，這就像渾身上下戴滿浮誇首飾的站街女郎，其內在空虛，毫無魅力可言。

雖然日本在機械工業領域全面落後於西方各國，但我依然把製造摩托車視為自己的天職。至少在這個行業，我想造出不輸給外國人的漂亮摩托車，我堅信，我們一定能實現這個目標。

在各地大小工廠幾乎都受軍方支配的時代，日本製造業的產品只專注實用性，其他一概不考慮，戰時的38式步槍便是典型。雖然「東西能用」是沒錯，但以世界發達國家的市場標準來看，幾乎等同於「沒有價值」。讓產品具備實用價值，僅僅是商品學入門第一課的要求，唯有在實用價值的基礎上，讓產品兼具藝術（美學）價值，才算是一件形態完整的商品。

比如美國產的汽車，其在具備完備實用價值的基礎上，還實現較高的藝術（美學）價值，因此在全世界廣受歡迎、廣獲贊譽。

從該意義層面來看，如今，要想成為卓越的專業技術人員，不但技術要精湛，還須具備優秀的藝術才能。換言之，必須同時擁有科學家的知性和藝術家的感性。

第二大喜悅，屬於產品銷售人員

我們公司是產品製造商，我們的產品之所以能夠傳遞至消費者，靠的是廣大代理經銷商和門市的協力和努力。物美價廉的東西，沒有賣不出去的道理。如果我們的產品品質好、性能優、價格低，我們的銷售夥伴們自然會十分喜悅，銷量也自然喜人。而暢銷會給銷售方帶來利潤、自豪和喜悅。作為製造商，倘若做出的產品無法給銷售方帶來這樣的喜悅，就算不上合格的製造商。

人們說市場經濟自由化有利有弊，而其中「利」的部分，則包括進出口自由化，外國貨能自由地進入日本國內市場，而日本貨也能自由地出口到外國，可謂互惠互利。而對我們製造商而言，該政策帶來的最重要的影響是廣大消費者能夠直接對比國

貨和洋貨，從而做出判斷。而基於消費者的判斷，製造商便能找到應該進步的方向。

換言之，市場自由化導致商品豐富，從而給了消費者極多選擇和判斷的機會。如此一來，製造商便能方便及時地了解到自己的產品是好是壞。所以，有一點希望大家銘記於心，那就是切不可無視消費者的判斷，切不可墜入自以為是的陷阱。就拿日本現在的汽車廠家來說，雖然它們一直宣傳自己「已達到世界水準」「已具備國際競爭力」，可在我看來，這完全是夜郎自大。

我們HONDA如今的確獲得了「世界頂尖摩托車製造商」之類的贊譽，但這種贊譽並不是我們自己宣傳和吆喝得來的。我們HONDA的全體同人艱苦奮鬥、發揮創意、積極創造，由此逐漸獲得了廣大消費者的認同，最終才收獲了上述贊譽。也就是說，我們靠的是實力和口碑，而非自以為是。

當然，在這份功勞中，合作經銷商們的不懈努力和鼎力支持也占了很大比例。

我之所以談這個話題，主要是針對通產省近來的政策誤導，即便通產省制定法規，限制進口，也無法保障日企基業長青，因此，解決燃眉之急的辦法反而應是徹底實施自由化，讓消費者進行選擇和判斷，從而促使日企盡快找到合理的發展方向。政

府如果真關心日企、真想保護本國產業，就應該對它們「放養」，並把選擇權交給消費者。反之，倘若不給日本國內消費者用於參照比較的洋貨，只給他們國貨這一種選擇，那國貨當然好賣。但如果因此而自認為國貨質量已達國際水準，那絕對是極為危險的錯誤認知。

總而言之，東西好不好，不應該由製造商來判斷，而是應由廣大消費者來判斷。這一點切勿忘記。

第三大喜悅，屬於購買產品的消費者

要知道，最了解產品價值、最有資格對產品做出最終評價的，既不是製造商，也不是銷售方，而是在日常生活中使用該產品的消費者。「啊，這東西真沒買錯！」如果消費者能發出這樣喜悅地感嘆，便是對產品價值的背書和榮冠。對於我們公司的產品，我暗地裡一直挺自負，認為我們的產品本身就是一種宣傳。之所以這麼想，是因為我堅信，我們的產品能夠給消費者帶去喜悅。

在這裡，我想特別強調一點，我們是車企，造的是交通工具，因此必須具備責任

感。如果在場有平時做事不負責任的，我勸你立刻提出辭呈；而今後如果在工作中被我發現不負責任，我也會點名炒掉你。要問為什麼麼，是因為交通工具出問題輕則使人受傷，重則使人殘疾甚至死亡，所以我們必須具備強烈的責任感。

如果是沒有這種責任感的人，則不適合這個行業，還是改行去賣文具或者布匹為好。因為文具和布匹品質粗糙點兒也沒關係，即便壞了，大不了給顧客換貨就行。可我們不行，倘若賣出粗糙貨，那後果就嚴重了。所以說，既然入了這一行，就必須擁有百分之百的責任心。希望大家謹記。

綜上所述，這「三大喜悅」便是我們公司的座右銘。而我，則會傾注全力，為了實現它而努力。

2．創意技術與道義心

在社會發展較為緩慢的時代，經營事業最為根本的基石是資本。

就拿發酵味噌和釀造醬油的作坊來說，製作過程需要一定的時間和周期，所以需要一定的資本實力，才能幹這樣的買賣。也正因為如此，不少味噌和醬油的老字號都是當地的財主經營的。

可是，現在情況不同了，過去要花10年、20年才能實現的進步，如今1年甚至半年就能達成了。在這個日新月異的時代，經營事業根本的基石，也從「資本力」轉為「創造力」。

在封建時代，地主是代表性的利益人群，他們通過持續持有土地，便能夠保其地位穩固。而到了二戰前，擁有經濟資本實力的人憑藉其所持資本呼風喚雨，從而確保其地位穩固。當今，世界的進步發展快得令人目不暇接，因此在現今的經營活動中，「資本力」的重要性已然讓位於「創造力」。

先於時代的創意，能夠引導企業走向繁榮；反之，如果沒有好的創意，即便抱著「錢袋子」，也會被時代淘汰，最終淪為失敗者。

經常聽到有人說，「由於缺乏資金，經營事業不盡如人意。」在我看來，原因並非缺乏資金，而是缺乏創意。縱觀當下，有的企業即便資金短缺，卻憑藉全新的創意

蓬勃發展。反之，不少企業雖然資本充裕、工廠齊備、員工眾多，卻業績不振、赤字頻現。可見創意的重要性。

總之，時代的急速進步、發展，使事業經營領域的兩大要素——資本和創意的重要性發生了逆轉。

縱觀馬蒂斯和畢加索等畫家的畫作，有的畫著只有一隻眼的臉龐，有的畫著女人的雙腿掛在樹幹中間……按照我們平時的鑒賞認知，實在看不懂。

原因很簡單，如果基於平日稀鬆平常的經驗，或者他人灌輸的常識，這些畫作的確奇怪晦澀、難以理解。

但必須注意的是，不管是經驗，還是他人灌輸的常識，都是既有的東西和概念，即過去的、定式的。具體來說，看到畫著只有一隻眼的臉龐而感到奇怪難解，是因為鑒賞者已經形成了「人必然應該是兩隻眼」的固有經驗性思維，且無法從中邁出一步，這是缺乏個性的表現。

據我所知，迄今為止，日本的小學老師在評價學生的繪畫作品時，打分的依據是畫得和實物像不像。比如在畫蘋果時，老師看的是學生畫得和真蘋果像不像、相似程度如何，從而判定其成績高低。雖然少數理念進步的老師不會一味讓學生追求「畫得像」，但主流仍然如此。換言之，如今日本的低齡美術教育依舊停留在「樸素的寫生主義」範疇。

可如果將繪畫的價值定位於與實物的相似性，那麼不管畫得多好多巧，都無法與照片匹敵。最近，連色度還原優秀的彩照都開始普及了。但無論攝影成像技術如何發展，繪畫依然有其值得尊重的價值，那便是繪畫者自身獨特的視角，即個性。換言之，繪畫者畫的是個性化的所見、個性化的所感。

比如，同樣畫的是蘋果，根據繪畫者的感受，其畫出的蘋果也各不相同——挺過北國寒冬，結於枝頭的蘋果；在空氣清新的信濃高原，被美麗的村中小姑娘摘下的蘋果；酸味中伴著甘甜，滋味清爽的蘋果……總之，繪畫的價值，正是來自這種個性的渲染。

技術亦是如此。沒有融入個性的技術，其價值亦顯貧乏。日本之前大部分的工業技術都屬於這種，即只是缺乏個性的單純模仿。尤其在戰時，日本的製造業幾乎都是

在抄襲西方國家，靠洋人的點子、洋人的設計圖生產產品，且以軍部最甚。哪怕當時民間有再好的創意、再棒的點子，由於軍部負責拍板的領導往往對技術一竅不通，因此埋沒了許多人才和創意，從而使日本的技術領域進一步陷入抄襲模式。

看到畫裡的人只有一隻眼，便評價為「奇怪」，或許是因為從過去的經驗出發，所以才產生了「醜陋、怪異、不忍直視」之類的感受。

可如果像這樣一直被過去的經驗綁架，便無法創造好的發明，提出好的創意。當然，我不是說要徹底無視過去，而是說，只有正視過去又不被過去所累，並具備有別於過去的全新視角和自由感性，才能進行優秀的創造發明。所謂發明和創意，其實是對過去既有智慧和知識的再創造，就像從二次元世界升級至三次元世界那樣。對於該領域，不少人會說「自己做不到」，但在我看來，做不做得到不由天定，而由人定。在被賦予「創造發展」使命的人的辭典裡，是沒有「不可能」這個詞。

這麼想來，馬蒂斯畫中的獨眼人似乎亦無不妥。

前面講到，較為開明的小學美術老師會認可學生的個性，並在指導中力求培養其個性。而書法課亦是如此，開明的老師不會一味地教學生臨摹字帖，而是注重激發學

生的個性，並在課上開展共同鑑賞、共同評價的活動。換言之，不是單純地評定一個學生的字是好還是差，而是讓全班學生表達自己不同的感受，即是「喜歡」還是「不喜歡」。

綜上所述，我堅信，技術也必須包含個性，但個性也並非一開始就有。哪怕名家馬蒂斯，也是從模仿起步，然後逐漸擺脫模仿，最終達到充滿個性的極高境界。所以說，對於年輕人和缺乏經驗的新人，從模仿起步可謂必經之路，但要明確一點——模仿歸根結底只是手段，而非目的。我認為，咱們國家的技術應該多點兒個性，或者應該說，必須追求獨樹一幟的強烈個性。

人們常說「某某人人格高尚」。行事磊落、品行端正、篤實忠厚、待人和藹，這樣的人確實可謂人格高尚。對於學校老師和宗教家，便可以這樣的基準予以評價。

可對於技術人員，這種普世標準便不適用了。不管一個技術人員多麼篤實忠厚、多麼品行端正，倘若其做出的產品不滿足無缺陷，品質優的基準，便稱不上「人格高尚」。鑒於此，只有打造出優秀產品貢獻世人的人，才算得上是人格高尚的技術人員，以及「了不起的人」。

這裡，我還想回過來談談何謂「了不起的人」。說到「了不起」，人們心中下意識會想到的具體實例大概有學者、大將、大臣、富豪等。學富五車的教授、足智多謀的軍官、手腕卓越的政治家……這些人的確了不起。

但我相信，一個人「了不起」的程度，與其對社會做出的貢獻成正比。換言之，在一個人有限的人生歲月中，其工作的「質」與「量」決定了其個人價值。

一個人不管人品多好，如果做出來的產品質量低劣、極易損壞，都只能被評為「人格劣等者」。

比如某企業製造的汽車，其傳動接合件鬆垮異響的毛病10年都沒改，真是太缺乏「技術良心」了。對於相關的技術人員，我只能給予「典型人品敗壞者」的評價。對於自家產品，我一旦察覺到缺陷，或者被他人指出問題，就會立即著手改正，不會有片刻猶豫。

這也是咱們公司一直視廣大消費者的意見為至寶的原因。說起人格高尚者，人們首先想到的往往是道德家、宗教家之類，或者認為人品好的人，技術一定也好。而我想說，必須從根本上打破這種既有觀念。

鑒於此，作為技術人員，我一直自誡自勵，努力打造大眾所求、為大眾所用的物美價廉的產品，通過自己的技術，為世人做貢獻。

3．本田兵法

本田宗一郎在經營中一直遵循著以下一些原則和規定，這些原則和規定已經滲透到企業的每個角落，成為人們所說的本田管理模式。

一、充分尊重個人，公平合理授權

早在經營東海精機時，宗一郎就能很好地與性格完全不同的人一道工作，並以此作為自己的工作信念。他認為同類型的人固然好相處、易交往，但要把一個公司辦下去必須有各種類型的人才行。在經營本田技研的過程中，他與藤澤武夫的配合也體現

了這一原則。本田和藤澤性格完全不同，他們之間分工明確，本田負責技術和產品，而銷售和經營完全由藤澤負責。一九七一年他們兩人同時退休。

為了保證權力確實能夠交給有能力的人，在企業中擔任領導人的親屬一律不得進入公司工作。本田變成大企業後這個原則依然保留著，中途錄用者占職工人數的一半，實施混血主義，以保持公司的創造力。

進入公司，無論是高級幹部還是一般職工均以「先生」相稱，而不是以職務相稱。公司董事沒有個人單獨的辦公室，而是採取同用一個大房間的「董事同室辦公制度」。

宗一郎的語錄「為自己工作」是這個尊重個人精神的高度概括。他告誡職工不要考慮向公司宣誓忠誠，而是要為自己工作；在本田這種尊重人的精神到處可見，人員安排、調動貫徹「自我申請制」是這種精神的體現之一。

本田既無官僚色彩，也不存在派系和宗派主義，職工可以輕鬆愉快地工作。高級幹部到50歲就為後來的年輕人讓位，最大限度地尊重年輕職員。力戒害怕失敗的謹小慎微作風，按照本田的說法是不工作才不失誤。在對本田職工進行的一項關於「本田精神的核心是什麼」的問卷調查中，回答順序分別是獨創性、要為自己工作、人盡其才、不要怕失敗。

二、一人一事，自由競爭

宗一郎的搭檔藤澤認為，在企業內使每個人的能力都得到最大限度的發揮，能夠專心從事研究，在傳統的金字塔型的組織結構中是很難實現的，因此廢除這種結構採取一人一事併進行自由競爭是非常重要的。

一人一事就是廢除公司強迫一個人於一項他不能勝任的工作做法。保證每一個人都自由選擇一個自己的主攻方向的權利。自由競爭就是主張進行不同性質的自由競爭。為了達到共同的目標，每一個人，每一個小集體都要有自己的設想，並通過它來找到開發領域，把競爭機制引進公司內部。

在本田研究所，由於研究員個人提出課題開始，課題一被採納，就以提出者為中心組成項目攻關組，課題研究工作的領導、籌劃、管理全部交給提出課題者個人負責。在兩人以上的研究人員分別提出類似課題而被同時採納時，令他們各自組成獨立

項目攻關組，通過自由競爭奪取成果。因此本田在組織結構上實現了「鎮紙型組織」的橫向組織。頂端就像鎮紙上的提鈕，有幾位高級領導（他們是評審會的重要成員），在它之下的研究人員全部處於對等關係，形式上雖分為設計室、試製室等部門，但是室長級人員也都是具體工作人員而非專職管理幹部。

三、造就獨創型人才

要造出風格獨特的產品，企業職工就必須具備獨創性的頭腦。橫向型組織、項目攻關制度只是一種保證，歸根到底，關鍵還取決於人。企業中能擁有多少獨創性人材是本田創業以來一直給自己設置的課題。為此，本田採取了下列一些措施。

1．引進合理化建議制度。

在一九五三年，本田率先引進了合理化建議制度。到一九七〇年代，一年所提建議總數突破10萬件，幾乎4件中有3件被採納。對於優秀的建議，本田給予免費出國旅遊的獎勵。

2．建立「新設想工作室」。

本田在其國內各工廠設有名為「新設想工作室」的創意實驗工作室，室內備有機械設備。職工一旦產生好主意就可以到實驗室中把設想具體化，當然原則上是利用業餘時間。

3．舉辦違反常規作品的展覽會。

展覽會的宗旨是提出自由奔放的設想並給予實施的「頭腦運動會」，是徹底的群眾文娛活動。這與本田「不論工作、娛樂，只要心情舒暢就幹到底」的素質相吻合，在大會上能看到許多異想天開的作品。

4．技術面前人人平等。

在本田，技術面前人人平等，沒有上下級的區分，經常發生被稱為下剋上的事情。在汽車引擎由空冷改為水冷時，由於本田宗一郎是空冷的絕對擁護者，久米等人採取「罷工」方式進行抗議。在看到水冷式的優點後，本田發出了「今後是年輕人的時代了」，從而決心退役。在開發集成電路過程時，同時發生過對本田造反的事件。當時已經是顧問的本田不喜歡電子技術，認為電氣用眼睛看不到，技術是實實在在看得見的。但是機器人開發小組不顧本田老爹的反對，完全獨立開發出一流的焊接機器人和生產線系統，在事實面前，本田不得不低頭。

四、顧客滿意第一的原則

在本田，人們強調娛樂，認為娛樂可以擴大人的視野，積累經驗，密切關係。宗一郎甚至認為只要有一種盡情地去玩樂的期望，就會白天比別人幹得起勁，同時又十分注意效率。如果通宵達旦工作而不休息，那麼宗一郎也許不會有什麼創新了，可能還會失去全面培養人的機會。

宗一郎指出獨特的發明創造，如果不能及時地提供給社會，它將毫無價值。在本田，研究人員認為他們不是在研究技術，而是在研究人們的心理，在想盡一切辦法，用盡一切技術滿足人們的心理。

本田歷代的領導者們從來沒有提出諸如「稱霸世界市場」、「趕上豐田」、「超過日產」之類的口號，而是強調顧客滿意第一，在使用戶滿意方面力爭第一。

本田宗一郎沒有專門的市場調查研究機構，它依靠的是開發小組。開發部門的全體人員都是市場調研員，他們用自己的眼睛、耳朵探索市場動向，這比依靠市場調查部門得到的信息更有感性認識。

本田的管理模式是一個完整的系統，它是一系列原則和規定在一定的哲學思想下的和諧統一。我們只是理解了它的完整性，才能為我所用，只著眼於一點是不能發揮其功效的。被喻為「本田神話」的本田，以其過人的膽識和埋頭科研的精神，把本田公司從一個小小的修理汽車和摩托車的小店發展成為世界頭號摩托車跨國公司和大型汽車生產企業。他不僅在追求技術的夢想中取得成績，尤其在他的經營決策理念上，有著過人之處。

創造顧客就是創造需要。法國女人的服裝最善變化，因為她們對流行很敏感。具體地說，每年春秋兩季的時裝表演會，便能影響該年度的女裝流行款式。同樣地，想創造顧客便要創造需要，時裝表演能夠影響當年的流行，就在創造需要。時裝流行起來，便創造了顧客。

兔子的耳朵長，沒有武器靠信息。為什麼兔子的耳朵會那麼長？因為它沒有任何武器，只有靠它一對長耳朵來搜尋情報與資訊。遇有敵人來襲擊時，便靠著耳朵先得

資訊，用最快的速度離開現場。因為兔子的腳跑得快。企業亦然，要有兔子般敏銳的資訊搜集能力。攻則派出商業間諜，退則鳴金收兵以策安全。

要懂得登山，也要懂得下山。上山容易下山難。因為登山的時候有一個山頂為目標，只要拼命爬上去終歸會爬到山頂。可是，下山就難了：什麼時候下山牽下山以後能不能再爬上來牽時機與方法的決定非常困難。「本田技研」在一九一六年作了生產調整，工廠停工一星期。那時候情況尚佳，只是國際收支有點問題，以百分之六十二的市場占有率來看，照說不必停工，但總要考慮到同業的存亡，便決定下山了。

信用和金錢是人生的槓桿，一般人把金錢看得比信用重要。可是金錢會用完，信用用不完，即使沒有錢但有信用，人家還是會供錢給你。因此，要使人生取得平衡，只有信用和金錢取得平衡，像杠桿一樣。有了信用自然也會有金錢。信用與時間就是金錢，這是顛撲不滅的道理。信用像滾雪球般地會越滾越大，信用不會是只有一次，會像滾雪球般地信用上面又堆積信用。信字最要緊的是與人約定要守信用。用商品來比喻，就是商品的價格要與價值一致，這樣才能建立商品的信用。在商業場上與人約定好時間商談，嚴守時間最要緊，這樣才能建立做生意的信用。

要為自己的幸福工作。員工不要為企業而犧牲自己，要為自己的幸福工作，這樣工作起來才會提高工作效率。員工和經營者不同，經營者非把企業當作自己的生死存亡來搞不可，可是員工也抱著這樣的想法來為企業服務就錯了。因為企業的存亡不在員工的犧牲精神上面，只要員工能在工作中享受自己的人生，企業就不會失敗。

經營者要具備智、仁、勇中小企業的經營者有兩種典型：一為實行型，一為學歷型。前者只知道拼命工作，後者只相信學歷至上。這兩種類型的中小企業經營者都不會成為大企業的經營者。大企業的經營者除了要具有智慧與知識之外，更要具有仁與勇。換句話說，要有愛護員工的「仁」，有替企業作出判斷的「勇」，有使企業不失敗的「智」。有了這樣的三位一體，才能保證大企業成功。

另外，信賴是一個人的履歷。一般人寫日記都要用「橡皮擦」，也就是把寫在日

記上的白紙黑字，覺得不合適便用「橡皮擦」把這一段話擦掉。可是，信賴是不能用「橡皮擦」擦掉的，因為信賴是一天一天造成生活的日記，無法用「橡皮擦」擦掉。換句話說，信賴是一個人的履歷，用聽、用看來判斷這個人能不能信賴，所以，經營者只能用身教，不能用言教。更不能把過去的所作所為，用「橡皮擦」擦掉。

研究所不是博士製造所。研究所是搞商品的研究，不是用來製造博士。有一家著名的電機研究所，由於拼命寫論文，這家研究所便有九十人獲得博士頭銜，可是一個像樣的商品也沒有研究出來，這家電機研究所是失敗的，因為忘記了研究所設立的目的。研究所是「百分之九十九的失敗，百分之一的成功」，但只要有百分之一的成功，就是成功了。何必在論文上寫那麼多理論而獲得博士學位，卻和實際的製造商品毫不相關呢！

創意工夫的條件之一是實用性，而實用性以上的創意便是藝術品了。例如，一個女人非打扮不可，這和實用性是一樣，可是過分打扮，塗紅搽粉過於艷麗，便會被誤

會可能是一個「營業」女郎。所以，商品的裝飾是必要的，但超過實用性的裝飾，便非好商品。千人的技能不如一人的創意。千手觀音有一千隻手，可千手觀音不會一千隻手同時動作。技能者就像千手觀音一樣，但真正搞技能的只要一個人就夠了。創意就不一樣，創意是無限的，是可以動員很多人同時工作。凡是經營工廠失敗，其原因大多出於太重視技能，而忽視創意。忽視創意的工廠非失敗不可。

4．創新是成功致富之道

本田技研工業公司在一九五五年成立當初，立下了幾條基本方針：

1．永遠擁有夢想與年輕；

2．尊重理論、構想與時間；

3．熱愛工作，保持工作場所的明快節奏；

4．建立諧調的工作流程；

5．牢記不間斷地研究。

「這些基本方針中，看不見古時傳下來的那些善感的字眼，也絲毫不帶「和為貴」之類舊時代的感傷主義的色彩，而是充滿著與時俱進的精神和活力。公司座右銘頭條所揭示的「夢想與年輕」，即使在今日更新換代的本田公司內部，依然被保持著。

在本田公司獲得飛速發展的一九六一年，本田宗一郎就許下諾言：「我將提名公司中最優秀的人選充當我的繼承人，如果沒有合適的，外國人也行。因為一家世襲經營的公司大體上都是要破產的，你就走著瞧吧。」

一九七三年9月24日，本田公司舉行創業25周年紀念活動，就在這一天，本田宗一郎履行諾言，辭去了本田技研工業總公司董事長一職，就任公司最高顧問。他把公司最高領導的寶座讓給45歲的河島喜好後，自己駕駛著汽車開始雲遊全國，花了一年半時間——尋訪了本田公司旗下的工廠、所有經營本田公司汽車的經銷商和修理廠以

及約有七百個定點。

一九七四年，本田宗一郎「忍痛割愛」，讓創業功臣、歷盡滄桑的弟弟本田弁二郎從公司常務董事的位置上退下來，離開了公司。他擔心自己引退之後，周圍的人們就會儘力推薦弟弟擔任下一任董事長，本田公司不知不覺中仍會成為同宗經營的家族公司。基於同樣的理由，本田宗一郎當然堅決不讓兒子進入本田公司。

本田宗一郎把世界性大企業拱手交給毫無血緣關係的外人，這在日本企業史上被傳為佳話。也是富有遠見的創舉。本田宗一郎常說，本田公司不是本田家族的，「企業乃社會產物」。在不少公司的領導人挖空心思把親屬往公司內安插的時候，本田宗一郎卻表現出了創業家所特有的驚人氣魄，不是任人惟親，而是任人惟賢。

本田宗一郎是一位從二次大戰後的經濟廢墟中走出來的有代表性的成功者，他是一名令全世界摩托車、汽車製造者同行望而生畏的勁敵。他既是一位卓越的技術專家，又是一位膽識過人的創業家和經驗豐富的企業家，同時還是一位實幹家和冒險家。他信奉的人生哲學就是「拼搏與挑戰」，他成功致富的經驗就是「創新、創新、再創新」！

第一個成功致富的經驗是：技術創新

在現代科學技術的綜合化趨勢中，人們意識到完成「代替性技術」的發明越來越困難了，而集中已有的各家技術創造新產品是一條發展工業的惟一齣路。本田宗一郎的創業成功，就是能夠把自己的聰明才智和別人的智慧融合起來，從而達到自己的奮鬥目標。他於一九五二年到世界各地參觀考察、博採眾長，回來後悉心對各國的先進樣品鑽研了兩年，集中各種樣品的優點，然後向全公司員工宣佈：「本田要吸納萬國之長，不步他人後塵，要創世界第一技術水準。」全公司上下，為實現這一目標，致力於技術的研究和開發。一九五四年參加了世界摩托車TT大賽，這次大賽雖未奪取好成績，但起到了火力偵察的試探作用。一九五九年本田公司再次參加TT大賽，獲得了第6名。到了一九六一年，本田公司的產品質量更上一層樓，當年的TT競賽中，在120cc及和250cc級的競賽項目裡，囊括了第1名至第5名，可說獲得了全面大勝利。從此，本田摩托車名聲大噪。本田宗一郎也因此被稱之為「當代著名技術專家」、「日本摩托車之父」。

本田宗一郎進入了汽車行業以後，同樣以一項又一項的創造發明聞名於世。

一、「FF方式」的前輪驅動方式的發明。「FF方式」的前輪驅動方式，現在已成為每一家汽車製造廠商的常識，但在當初是一項劃時代的發明。

二、獨創的本田喜美箱型汽車。本田公司推出喜美箱型汽車的成功，豐田、日產、三菱等日本汽車廠商一窩蜂地模仿起來了，今日箱型汽車已成為小型汽車的標準體型。

三、360cc輕型汽車的AT車（自排車）的發明。AT車就是自排汽車，本田公司製造的3600cc輕型小汽車就是全自動的AT車。靠這項發明，本田公司成為業界之雄，輕量小型的AT車今天便成為本田汽車的代名詞。

四、低公害的CVCC引擎發明成功。作為降低有害廢氣排放的對策，各家廠商都在研究開發利用觸媒淨化的引擎時，本田公司就率先開發出來CVCC的低公害引擎，使得日美各家廠商不得不向他購買專利權，模仿CVCC方式製造引擎。

五、N360輕型汽車的獨家製造。一九六七年，本田公司推出的N360輕型汽車，這是本田公司正式走向生產汽車的第一步。N360，是360cc、31馬力、前輪驅動方

式，定價31.3萬日元。這種超低價的大眾車受到日本消費者的歡迎，改變了向來認為汽車高不可攀的形象。後來，又推出NSX型，本田公司的技術日新月異，一直領先同業，每次都以嶄新的姿態出現。

第二個成功致富的經驗是：經營創新

本田宗一郎不僅重視技術創新，而且重視經營創新。他除了有一家技術研究所，還設立了一家營業研究所——本田營研，專門研究獨特的行銷方式，亦即不採用一般汽車廠商的「業販方式」（同業之間的買賣，亦即上游與下游的方式），而採用「直販方式」（直銷至摩托車店、汽車店）。這可以說是本田公司在經營方面的獨創性和創造性。

本田公司參加國際競賽也是為了擴大銷售自己的產品，本田宗一郎不隱瞞這個意圖，公開提出「本田的理想是以全世界為目標」，並教育全公司所有員工要為此巨集大的抱負而奮鬥。本著這個目標，本田公司決定首先開發世界最大的汽車市場——美國，將暢銷的車型作為主攻的有力武器，大做廣告，開拓分銷渠道，亮出本田機車在國際TT競賽的名聲，併在那裡設立「美國本田」公司，結果很快打開了美國市場。之後又以「世界的本田」品牌形象向歐洲市場進軍，也取得了可觀的銷售成績。

第三個成功致富的經驗是：人才創新

本田宗一郎極為注重招攬各方面的優秀人才，這是本田公司始終充滿活力與生機的原因。他特別用心於發現、培養和使用年輕人才，甚至從年輕人身上去發現自己的不足，虛心向年輕人學習，即使這個年輕人比自己年輕得多。他風趣地說：「我只有小學程度，我不用擔心向別人討教會有失體面。」他在美國設廠生產時，千方百計把當地的技術人才和管理人才招聘進廠，然後把他們送到日本的本田廠進行一個半月至三個月的訓練，使他們熟悉本田的生產標準和管理程式。結果，這些美國人也可以生產出同樣水準的汽車。他對在職員工的職業培訓十分嚴格，任何人上崗前要進行崗位訓練，獲得合格證才能上崗工作。公司裡設有研究所，每年支出大批經費讓科研人員和設計人員進行新產品和新技術的研究開發，並鼓勵公司員工提合理化建議，凡是被採納的好建議，可視效益多少發給重獎。在這麼一種人人動腦筋、出謀獻策的工作氣

氛裡，人才不斷湧現，有力地促進了公司的生產和經營的發展。

本田宗一郎還非常重視企業領導班子的年輕化和專業化，一九七三年他辭去了本田技研工業總公司董事長一職，就任公司最高顧問，把公司最高領導的寶座讓給45歲的河島喜好。他不把社長的位置讓給自己的兒子，甚至連他的弟弟也與他同時引退。這種做法，在日本的其他公司不要說找不到第二家，連美國的公司也是罕見。

第四個成功致富的經驗是：觀念創新

二十世紀70年代初期，世界各國紛紛仿效美國制定了限制汽車排放廢氣的法律。這對各大汽車生產廠家無疑是一個沉重的打擊。本田宗一郎敏銳地感覺到，這也許是本田公司超越強勁對手的一次機會。當時，本田宗一郎剛剛進入汽車行業，他立即全身心投入攻克汽車製造業的最薄弱環節——由美國政府實施的限制汽車廢氣排放法。因為這個法律由美國議員馬基斯首先提出，故而被稱為《馬基斯法》。要符合《馬基斯法》的規定，關鍵在於能否研製、開發出這種新型發動機。「在公司開發新型發動機動員大會上，他對研製人員說：「只有開發出低公害的汽車引擎，本田技研工業總公司才能取得與老牌汽車廠家並駕齊驅的機會。」

於是，本田宗一郎親臨第一線，對研究人員一起收集資料，查閱文獻，經過反覆研製，最終於一九七二年10月成功地開發出符合《馬基斯法》規定值的低公害發動機——CVCC引擎。本田公司的成功，比福特、豐田、日產等超一流廠家均搶先了一步，他受到了世界各國的高度評價。而且，由於CVCC引擎具有非的社會效益，公司在銷售方面也就獲了非常客觀的經濟效益。社會效益與經濟效益的雙重成功，使本田宗一郎受益匪淺，他說：「這次的成功，不是企業間競爭的成功，而是一種神聖的社會責任感的成功。它使我為之驚嘆，一種新的價值觀，有關企業和社會之間的聯繫等一系列問題的新感覺和建立在這一基礎上的新的經營觀念已經完全形成。需要我們具備這種新經營觀念的時代已經到來了。」

第五個成功致富的經驗是：不斷創新

在創新領域，沒有任何捷徑可走。只有專心致志和堅持不懈，才能克服在通往任何目標的道路上所遇到的危機和障礙。本田宗一郎就是一個典型的例子，從修理汽車

到生產摩托車，從生產摩托車到生產汽車，他一直不斷探索和不斷創新。本田宗一郎深有體會地說：「創業家必須主動確定未必可能實現的目標，並樂意遭受失敗。」

「只有堅持不懈，才有可能成功！」——偉大的創新家，從美國的愛迪生到日本的本田宗一郎，無一不把這句話作為座右銘。愛迪生強調指出，創造力依據的是99%的努力和1%的靈感。本田宗一郎贊同愛迪生的觀點，認為他的成功來自他的「失敗」。他認為，一連串的「失敗」乃是不斷嘗試錯誤的探索性試驗，是成功的創新所必需的。他說：「我從自己的經驗中體會到，創造發明不是異想天開，而是走投無路、迫不得已時的智慧結晶。」這種經歷一次又一次失敗而絕不放棄的不屈不撓態度，是本田宗一郎成功致富的重要法寶。

第九章

本田的人生思維

我一生從來沒有用過公司的錢，雖然我是這家公司的社長。不但如此，我也禁止公司的高級人員使用公費做接待工作。用接待來做生意，是最沒出息的做法。

我把公司的配車廢止了，不讓高級人員坐公司的轎車上班。我自己也是開私人用車上班，連汽油也是用自己的錢買。不但如此，我最看不起有些公司，讓公司的社長夫人坐公司的車去看戲、去百貨店購貨、去參加宴會，甚至讓社長的小孩也坐公家車去上學。有些社長把公司的公家車司機叫來為社長夫人或小孩開車，簡直不合道理，這是公私混淆，假公濟私，萬萬行不得。

——本田宗一郎

1．對「壞孩子」也要抱有期待

對未知事物心馳神往是人的天性。雖然有所不安，卻依然大膽地參與或嘗試，「未知」就是有這麼大的魅力。

本田宗一郎曾經如此自述——

在我看來，探求未知世界，可謂人生至高樂趣之一。一個人如果放棄或遺忘了這種樂趣，則意味著停止了進步。再也沒有「明天」，變得一味沉浸於過去的回憶，即所謂的「垂垂老矣」。

連有的年輕人都這樣：明明還是小夥子，卻和中老年人一樣，既消極又保守，一味在意周圍人的目光，行事畏畏縮縮，一股小家子氣。

為什麼會有這樣「精神殘廢」的「無為青年」？原因當然多半源自其自身，但這肯定並非全部。

在我看來，最大的原因在於日本社會要求青年們去除稜角稜線的傾向：社會希望步入社會的青年是順從的、老實的、不逾矩的。其實，這背後是成人世界只求穩定的消極主義，是成人自私的黑暗心態。

論心態年輕，我自認為不輸給任何青年，但畢竟歲月不饒人，我頭已經禿了，可社會上依然把我稱為「戰後派」，我也搞不清這是褒獎、還是貶值了。但由此可見，日本社會宗派主義盛行，十分排他和保守。

我對此深感憂慮，成人倘若對「未知的魅力」無感，也不去勇敢追求它，家庭生活便會黯淡，整個社會也會活力盡失，整個國家也會日落西山。因為在一個消極的成人社會環境下，年輕有為的下一代也好，年輕有望的能量也罷，都很難出現和成長。

孩子對所見所聞都會充滿疑問，對這個世界充滿興趣和好奇。不管什麼東西，他們都會去抓去拿，要麼往嘴裡放，要麼又砸又扔，搞得父母心驚膽戰。

「為什麼」是孩子最常用的口頭禪，因為對孩子來說，一切都是未知的。害怕的情緒的確也存在，但孩子不會因此膽怯。孩子彼此之間的個體差異其實不大，成長過程和節奏也大同小異，他們對未知的探求心，正如探險家的心境，由此可以認為，每個孩子都是未知世界的勇敢探險家。

父母卻往往不懂這一點，從而對自己的「小探險家」予以冷遇，結果導致孩子對未知的興趣萌芽被葬送，或者被扭曲。從幼兒時期直至青年時期，父母對孩子的這種教育方針非但不改，反而有變本加厲的趨勢。

年輕人的思維還未固定，他們通過追求和體驗各種未知，逐步梳理出自己的思路，並形成自己的個性。求知旺盛、勤於鍛煉亦可，埋頭工作、潛心鑽研亦可，只要付出精力、全心投入並從中獲得樂趣，就是好事。

年輕人充滿能量、勇於奮鬥的身影，是美麗且健康的。無須成年人插嘴干涉，年輕的頭腦也能制定出充分反映時代背景的規則。成人由於不理解年輕人的這種智慧，因此不信賴，進而以「指導」之名橫加干涉。

對此，大部分年輕人往往不顧成年人的不理解，按照自己的想法自由成長，但在他們的心靈深處，難免會對成年人產生不信任、輕蔑，甚至絕望之感。

孩子對家長說想去登山，家長立刻會甩過來一句：「太危險了，打消這個念

頭吧！」孩子騎摩托車速度稍微快了點，家長立刻怒斥道：「你為什麼盡做這些危險的舉動？」孩子如果玩到很晚才回來，就立即成為周圍人的「討論對象」。大家都是為了你好，所以才說你的。難道你就不能安分點兒嗎？就不能規規矩矩好好學習嗎？」

成年人的訓斥往往都是這個套路。有一個場景最能說明這種成年人的思維定式，那就是一個孩子赤身裸體地在前面跑，而他的母親紅著臉，拿著內褲在後面追。

年幼的小孩子既不懂何為面子，也不知何為名聲，享受的只是一絲不掛的自由和爽快。母親對孩子的這種想法卻不理解，而是事事以成人的感受作為判斷標準，所以當看到孩子不穿內褲時，想像的是自己不穿內褲的情景，故而臉紅羞愧。在我看來，這樣的母親反而挺低俗的。

其實父母根本無須多管，等孩子到了相應的年紀，自然會在意外表、學會打扮，也會明白何種樣貌屬於羞恥。這一切都是水到渠成。

然而，許多父母絲毫不去努力理解孩子的世界，而是將孩子置於成人的常識

框架內進行教育，從而養出了老氣橫秋的怪孩子和死氣沉沉的青年。對孩子來說，沒有比這更不幸、更毀人的了。

這正所謂「孩子的心，父母不懂」。

這種父母教出來的孩子勢必成為整齊劃一的普通人，難有個性可言。想到這點，毛骨悚然，可社會現狀顯然就是這樣——對成人唯命是從的孩子、不逾越成人思維框架的孩子被認為是「好孩子」；反之，敢於表明自我意志和主張、行事個性自我的孩子則會被即刻打上「壞孩子」的標籤。

也正因為如此，我對人們口中的所謂「壞孩子」抱有期待。理由很簡單，這樣的孩子才是「有個性的孩子」，他們有主見、靠得住，且潛力充分，是真正意義上的「好孩子」。

我常常對身邊的年輕人強調道：「一個跳不出上一代老思想的所謂『好孩子』，便無法做到『後浪推前浪』。一個只知察言觀色、活得唯唯諾諾的人，早晚會被日新月異的現代社會淘汰，因為這樣的人已跟不上時代。所以說，年輕人不要害怕被成年人視為『壞孩子』，要有年輕人闖勁和勇氣，要積累各種經驗，

拓展自己的視野。即便因此犯了錯、栽了跟頭，只要態度是積極向上的，信念是堅定正確的，則大可歸結為『年輕氣盛的過失』，而一頁翻過。這也是年輕的特權，年輕人不可輕易拋棄。」

話雖如此，但為了不招來誤解，我這裡必須再加一句，「凡事皆有度。」

我雖然說年輕人大可放手去做任何事，但這也是有限度的。倘若當「飛車黨」，對他人的人身或財產造成損害，或者貪玩揮霍，進而行偷盜之事，則等於是踩了不可容忍的「高壓線」。在我看來，作為社會一員，作為自由個體，給善良的他人製造麻煩甚至帶來傷害是最為惡劣的犯罪行為。絕對不允許強行犧牲他人的利益乃至生命。

社會能夠運作，是因為有法規和秩序，我們必須遵守。要想讓自己的生命、財產和自由受到尊重，就必須尊重他人的生命、財產和自由，即維護自身權利，履行自身義務。鑒於該前提，不管做什麼，都必須承擔相應的責任，切不可將自己犯錯的原因「甩鍋」給他人。

反之，最不負責、最丟臉的行為便是受人鼓動、被人連累，從而隨波逐流地

貿然行事。正確的做法應該是堅持底線，頂住周圍壓力，堅決反對違背自身意志的提議。大家要有這樣的勇氣。一旦具備這種底線意識，便能明確自身自由行動的界限，這可謂一種良知。反之，倘若「青春能量」不具備這種良知，便有淪為獸牙般「雙刃劍」之虞——在傷到別人的同時，亦會傷害自己。

此外，亦不可趁著年輕的衝動，就盲目任性地揮霍寶貴的青春能量。人生長路漫漫，絕非一路坦途，總是會經歷比現由路況還差的爛路。倘若無視這樣的客觀條件一味瞎奔，不用多久就會精疲力竭。所以說，關鍵要正確地判斷現狀、制定計劃、合理分配自身精力，為此，既需要學問，也需要豐富的見識，還少不了經驗加持，以及勇氣、決斷力、行動力和忍耐感。反之，倘若不顧這一切，只知急著盲目向前，則既非年輕人應有的樣子，也並不一定能適應將來。

我還想指出一點，那就是對待歷史的態度。歷史支撐著現在，指引著未來。否定歷史，便無法理解現在。而要想邁向正確的未來之路，也必須站在歷史的肩膀上。

我舉個例子。二戰後不久，各種形狀的自行車在市場上泛濫。許多車商把奇

葩的點子和設計作為賣點，著實吸引了消費者的眼球。可在16年後的今天，市售自行車又回歸了之前的經典設計。究其原因，是從很久以前，自行車在各方面就早已進化為「最終完全形態」。不管在理論方面還是經濟性方面，三角形的車架構造都是最為合理的。換言之，以人力為動力的兩輪車，這樣的設計已是登峰造極。只要了解一下自行車發展史，便能簡單明白這點。可戰後的一些車商無視這些，所以才走了這麼多冤枉路。

在人生中，類似的例子數不勝數。因為吝嗇一點點必要的努力和時間，導致大量的精力浪費，實在是愚蠢之舉。

我這個人性子急、做事急，但好在喜歡學習歷史。這並非單純由於我平時有空愛看大眾文學讀本。總之，歷史的確令人受益匪淺，它既是知識的寶庫，也是反省的教材，還是提供建議的錦囊。

人生實屬漫長，一旦起點犯錯，之後的誤差就會逐步擴大。同理，如果在精力分配方面魯莽行事、一味胡來，「年輕活力」這種珍貴的「高辛烷汽油」也會爆燃，從而淪為破壞力，使得「引擎熄火」。

但只要能夠自警自誡，對上述問題具備清晰的認識，那麼自由行動也好，謳歌青春也罷，大可盡情盡興去做。倘若有頭腦，等到頑固的成年人來說教或者干涉時，大可讓他們滾一邊兒去。身為年輕人，就應該堂堂正正地迸發年輕活力，主張自己的年輕特權。

終有一天，人們不再視老氣橫秋、死氣沉沉的青年為模範，轉而誇贊活力奔放、昂揚向上的青年。我相信，這樣的新時代即將到來。

2．就是要擁有人格魅力

在一切不斷發展進步的當今時代，比起單純地記憶知識，我更渴望接觸新事物，為他人所不為。在這樣的創新過程中，如果有不靜的地方，則大可請教年輕人。換言之，一旦碰上自己不擅長的，找會的人幫忙就行，何必自己死鑽牛角尖地耗費精力。

為此，我想強調的是，大家必須成為討人喜歡的正派人，讓別人覺得「因為是你，我才肯教（幫）」。只要具備這樣的特質，即便學歷低也沒什麼關係。換言之，有人格魅力很重要。

我不能說自己有人格魅力，但畢竟當過這麼多年社長，出於這層關係，只要我問，一般還是會立刻有人解答的。自己知識當然最好不過，但如果不知道，那大可請教別人。固有的所謂「常識」認為，在考試或測驗等場合，問別人或者借助工具就等於作弊。可在實際工作和生活中，這樣的「作弊」有何不可？特別是現在都有電腦了，用電腦「作弊」簡直天經地義。所以說，如今的父母也要與時俱進，不要把孩子的作弊行為視為洪水猛獸。在考試中，一堆小夥伴「相互合作，攻克難題」反而是一件好事。如果父母能如此開明，那麼孩子那麼孩子的壓力也會少許多。

本田宗一郎曾寫一本隨筆的作品（講談社／我的手語）。在這本隨想集的開頭，本田對自己的左手手掌進行了詳細描述：

「不管是手掌大小還是手指形狀，左右手如此大相徑庭的，恐怕很罕見吧。以前機器設備和工具缺乏，在進行修車之類的作業時，這雙手就是我最為得力的工具。我用它們，又是裝，又是修，又是拆。其中右手是幹活兒的主力，而左手則是其輔佐，所以吃虧受傷的總是左手。」本田的左手可謂滿目瘡痍。刀具和錘子等留下的傷痕，錐子和車刀等貫穿過的瘡疤。對此，本田在該書中調侃道：「唯一享福的是小拇指，沒什麼深意，別想歪了。」（編按：比小拇指在日本社會代表男人在外面有女人之意。）

真是符合他本人風格的笑話。不過，對他而言，這些傷痕也是珍貴的榮譽。而這樣的左手，也無可爭辯地體現了本田的工匠身份和精神。當鐵匠的父親，在當學徒過程中形成的工匠氣質，與生俱來的敢於挑戰強者的俠氣，看淡金錢和權力的大方氣度，風趣灑脫的言談舉止，時而靦腆的可愛，以及性急冒失的行動力。本田的這些性格特質，完全是活脫脫的傳統工匠的典型特徵。

從手藝人、技術專家，再到企業經營者，在此過程中，本田最看重的是獨創，最

厭惡的是模仿。對此，他的下屬們有異口同聲的「證詞」：「（本田）最生氣的事，就是我們模仿其他公司的技術或做法，或者拿其他公司的情況作為藉口，我們都因此挨過他的拳頭。」

HONDA的老員工們還回憶道：「老爹如果帽檐朝靠後戴，就證明心情好；如果帽檐朝前戴，深深遮住前額，就證明要發火。大家看到後種情況，便會不動聲色地把扳手和規尺等工具藏好或收好。」這個小故事，可謂最能體現本田「執著於獨創」的個性和以了。

本田機智過人，且有經營才能。雖然算帳不行，但他具備預見社會潮流的前瞻性，還擅於用人。當年能夠慧眼識藤澤武夫，發現如此優異的人才，亦是本田該方面能力的體現。由於獲得了藤澤這個頗具現代企業經營理念的「賢內助」，HONDA才能在日後把握時機，站在日本摩托車及汽車普及的風口，實現業績開花結果，企業做大做強。

本田這一生既沒有一味刻苦勤勉的悲壯感，也沒有孤身求道的禁欲克己主義色彩。他所處的時代，是汽車產業勢頭強勁、極速發展的時代，由於各種革新不斷，因此他自然無暇回頭看，而總是標榜年輕，一直向前看。

3．為了痛快而坦率的人生

縱觀日本人迄今為止的日常生活，似乎一直缺少一些風趣和幽默。人們在交往時，通常伴隨著凝重的沉默、客套的舉止以及模式化的語言表達。

人不是機器，不可能持續不斷地穩定工作。一旦疲勞或厭倦，其工作效率立刻下降。為此，人需要休息，需要散散心、透透氣，偶爾放空一下自己。而開個玩笑或講個笑話，就是單調生活中的慰藉和調味料。它能讓人從緊張中獲得解放，使人忘記疲勞、心情開朗。在我看來，玩笑有使人生保持積極樂觀的作用。所以後，今後在日常生活中，我們必須多開玩笑、多講笑話，而且要講高水平的笑話。只有這樣，我們才能擺脫矯揉造作、故弄玄虛的陰暗表情和皮笑肉不笑的虛假面具。

在德川時代，誰能發最大的財？答案是商人。可由於日本政府當時實行關閉鎖國的政策，禁止外貿通商，因此日本商人的格局非常有限，形成了十分嚴重的「內捲」風氣：各種掮客和倒爺盛行，同行之間流行互相使絆子。在這種持久的封建制度下，人們也變得相互猜疑。

相互猜疑的原因或許出自各個方面，但其對日本的影響極為深遠。如今，哪怕在同一家公司裡，也常常存在大大小小的「圈子」和「地盤」。員工對由上至下的縱向命令系統，即晉升系統十分敏感，因此處於同一系統（部門）的人都熱衷於搞好關係；可對於不屬於自己系統的人，比如需要系統或部門之間橫向協調時，便會生起「鬥爭」情緒，彼此想方設法地貶損對方的亮點和優點。這樣一來，在明明最應該活躍奮鬥的青年時代，人們卻把精力都用在這樣的「職場政治」中。而到了壯年，便躺在自己先前鑽營所得的地位和成績上睡大覺。

在現實中，這樣的人真的太多了。在我看來，這皆是源於糾結眼前利益得失的短視思維：造成一家企業的核心幹部之間、部門和科長之間，以及普通員工之間持續內鬥、內耗。這最終導致廣大日企無法實現「製造世界級優質產品」的宏大目標。從本質上來說，這是對優秀的人才和頭腦的浪費。

我不愛看書。說得極端一點，書這種東西，上面寫的盡是過去的知識。而我總有一種莫名的恐懼感，害怕被書裡的內容限制住了思維，甚至使思想退步。回顧我之前的人生，幾乎都是靠看、聽、試，並將獲得的信息綜合，從而得出結論，不斷進步的。

每次碰到不懂的問題，我都不會先去找相關書籍，因為直接問人要快得多。看了一本500頁的書，對自己真正有用的內容可能就1頁，所以我不會從書本裡找答案，因為這樣太低效。咱們公司現在有不少員工是大學畢業生，遇到問題了，只要找個專業對口的一問，遠比查書方便快捷。然後將由此獲得的知識與我自己既有的經驗相結合，便能找出解決方案和對策。社會上似乎評論我是「從零到十，事事親為」的人，這當然是不可能的。

說到底，我這個人的特點或許是敢於坦率而乾脆地向人請教。因為「學歷低、沒文化」幾乎成了我本田宗一郎的「標籤」，所以我不懂的問題，也完全合

情合理。也正因為如此，我在虛心向人請教時，沒有任何面子之類的壓力。反之，如果換作學歷較高的人，在請教別人之前可能會有心理負擔，擔心別人嘲笑自己，「居然連這個都不懂」，從而無法坦率乾脆地提出問題，只能勉強地不懂裝懂。明明問一下別人就能掌握的東西，卻遲遲無法掌握。試問天底下還有比這更不合算的事情嗎？

工廠車間的生產效率亦同理。必須通過某種高端技術才能解決的問題其實很少，在大多數情況下，技術反而是次要的，而最重要的往往是時間。

就拿「增產一倍」來說，只要將作業時間壓縮至原來的一半即可，這個道理誰都懂，只是一道簡單的數學題而已，既不用立體幾何，也不用代數知識，只要懂加減運算，人人都能提升效率。

而在我們採取實際行動時，其實發現問題才是先決條件。不是說有了技術，便可解決一切問題。在使用技術之前，更為必要的是發現問題。就拿日本來說，國內的技術人員和組織多如牛毛，可在解決實際問題時卻

貢獻不大，因為他們在發現問題這一環節上很薄弱。就比如剛才說到的生產效率，如果發現了問題，即如何將作業時間壓縮至原來的一半，接下來便能著手解決了。

在發現了這樣的問題或課題後，就是技術人員發揮作用的時間了。而發現問題的任務，其實不懂技領的門外漢亦能完成。而令我憂慮的是，大家似乎都忘了這最為基礎、但也最為重要的先決條件。

最近，我看到一篇刊登在所謂的「一流財經雜誌」上的文章。文中煞有介事地講，對於製造何種樣式的產品以及定價等問題，企業大可對大眾進行問卷調查。

我對此深感失望。通過面向大眾進行問卷調查，的確可以獲得有參考價值的信息反饋，比如自家產品的受歡迎程度、消費者是否滿意等。對於這類問卷調查，我還是贊成的。

可是如果對於涉及製造業本源的東西，倘若依然試圖通過問卷調查來獲得答

案，這就欠妥了。

理由很簡單：製造業的專家為什麼非要去聽外行們的意見？如果這麼做的話，那專家還能叫專家嗎？如果去問大眾什麼產品好，得到的答案勢必是陳舊的、既有的、即將過時的。連外行都想得到的設計和理念，肯定缺乏新意。

而唯有嶄新的發明、創意和設計，才能驚艷大眾。如果不懂這一點，反而在研發新產品時去徵詢大眾的意見，成品則往往淪為平庸之作，成為在行業內一味追隨其他廠商的模仿者。

換言之，這樣做等於是拋棄了工匠精神，而淪為給街坊鄰居修修打打的普通人。

4．為自己而工作

我一直強調，不要只為了公司而工作。大家入職時，想必也不是都懷著「單純想為這家企業出力」的「救世主心態」吧。進公司，一般都是有什麼夢想，或者想成為什麼樣的人，既然如此，「為自己而工作」就是絕對條件。拼命工作，實現自我價值，同時也惠及所在的企業，這樣最理想。反之，我並不要求員工一心只為企業，不惜犧牲自我，畢竟又不是參軍打仗。

「為自己而工作」是忠於自我的體現，有的人也許視其為「利己主義」，但其實不然。人是社會性動物，當收到周圍人的正面反饋時，會感到身心愉悦。所以，被別人贊許為「好人」，也是一個人的快樂之源。

由此可見，人類並非完全只顧自己的自私動物。只有讓別人好，自己才會真的好。而我講這番話，就是希望大家真正讓自己幸福快樂。

在公司，我將「尊重理論」視為工廠經營的根本。但凡關乎公司業務的事項，我都遵循「尊重理論，合理處理」的宗旨。唯有正確的理論，才是亙古不變、內外通用、不受時間和空間制約的普遍真理。

「拼命加油幹」被大家奉為金句，可腦子短路般的「拼命加油幹」不僅毫無

價值，甚至比懶惰怠慢的破壞性更大。因為「拼命加油幹」少不了一個前提條件——基於正確的理論。用人方面亦是如此。

由此可見，唯有基於理論、尊重個體創意，才能有發展進步。人類肉體的勞動力不過是二十分之一匹馬力，因此人的價值在於基於理論思考事物、合理處理問題。這樣的智慧和能力越高，一個人的價值就越高。要說咱們公司新在哪裡，除了員工較年輕，還有不分時間、地域地尊重新理論、新知識的企業文化。咱們公司今後的發展進步，關鍵取決於是否能夠進一步追求和遵循理論。

尊重時間，不少人將事業成功的要素歸結為資本、勞動和經營，卻忽視了重要的時間。哪怕再優秀的點子和發明，倘若做不到雪中送炭，便毫無價值。就如雨後傘、秋後菊一般，其商品價值為零。

咱們公司資歷尚淺、資金匱乏、設備不足，卻能在兩輪機動車行業取得今日的地位，靠的就是尊重創意和爭取時間。

以公司當下製造的產品為例，等到明年今時，難保其他同行不會造出類似產品，因此抓住時機，及時推出是絕對條件。這就像看病，可謂分秒必爭，假如等到病人斷了氣才趕到，不管是多厲害的名醫，都與庸醫無異。

再說到英國研發投產的「彗星」型客機（即「Comet」，由哈維蘭公司製造）。這架飛機使倫敦至東京的飛行時間縮短至27小時，同時製造成本極高，燃料消耗巨大，但英國毅然將其投入民航使用。個中道理，大家應該有所領悟。「經濟」與「距離」的時代已經過去。當今，這二者皆用「時間」來克服或代替。

尊重效率，所謂效率，就是為了享受個人生活而壓榨時間，換句話說就是將單位時間的價值最大化。

一天24小時，不會多給任何人1秒。所以，要想在這有限的時間內更多地享受生活，就只能拼命壓榨工作時間。鑑於我的親身經歷和體會，我認為，創意和發明並非源於天才奇想，而是在迫不得已的情況下「擠出」的智慧。與之類似，所謂效率，其實也是為了享受生活而逼出來的智慧結晶。

尤其在咱們這種製造摩托車和兩輪車馬達的企業裡，如果技術人員的創意和點子足夠優秀，能有效審視和預測消費者需求、資材調配、機械加工流程及裝配作業等，那麼效率簡直勝過數千名單純的體力勞動者。在這種切入本質的創意和點子的基礎上，加上配套的動力和機器，就能在一定時間內產出最好最多的實際工作成果。而能夠統籌安排、實現這一切的頭腦，便是效率的根本所在。

咱們公司之所以源源不斷地採購先進的生產設備，甚至用電都靠自家發電設備，也都是為了效率。效率是現代人生活的必要條件。至於組成效率的要素，我認為有三：時間、金錢、尊嚴。哪怕時間再充裕，如果沒有金錢，也無法享受生活；反之，哪怕腰包再鼓，如果沒有時間，也無暇享受生活。

那麼既有錢又有時間的話，是不是就能享受生活了呢？其實也不然。倘若享受生活的條件只有時間和金錢這兩方面的話，那麼即便行偷竊和詐騙之事，只要來錢快，似乎也沒什麼大不了的。但人有人的尊嚴，而這種作奸犯科之事，與人的尊嚴直接衝突。所以說，唯有用堂堂正正的方法賺取足夠的利潤，從而贏得金錢和時間，並按規定納稅成為納稅大戶，為國家和社會做出貢獻，才有享受生活的資格。只有擁有了這樣的尊嚴，才稱得上是「有效率」。

本田宗一郎從本田技研總公司的最高領導人的寶座下來後，過著擔任公務和榮譽職務的生活。本田宗一郎一生擁有470種發明和150多項專利權。他的財產，以本田技研的股票、土地為中心，最保守的估計約近千億日元之多，是名副其實的大富豪。一九八三年，他辭去本田技研工業總公司的董事職務，徹底割斷了他與本田公司的最後一點聯繫——真是做到了瀟灑走一回……

在本田宗一郎退出江湖的歲月裡，世上多種榮譽隨著本田技研總公司的發展，源源而來，其中犖犖大者如下——

本田宗一郎擔任的公務主要有：一九七四年，就任總理府物價問題懇談會委員；一九七五年，就任總理府公務員問題懇談會委員，就任運輸省國鐵再建問題懇談會委員；一九七六年，就任東京商工會議所工業部會長；一九七八年，就任日本職業高爾夫球名譽顧問；一九八二年，就任日本工商聯盟副會長；一九八三年，就任東京都情報公開懇談會委員；一九八六年，就任通商省航空機工業審議會臨時委員，等等。

本田宗一郎獲得的榮譽主要有：一九七八年，榮獲義大利總理產業獎；一九七九年，榮獲比利時頒發的王冠勛章；一九八〇年，榮獲瑞典頒發的北極星勛章；一九八一年，榮獲日本頒發的一等瑞寶勛章；一九八四年，榮獲法國頒發的勛章；一九九一年，榮獲美國汽車工業協會頒發的特別獎，等等。

此外，本田宗一郎還曾獲得美國密西根大學、俄亥俄州立大學以及哈佛大學名譽博士。其中，一九八九年本田宗一郎的塑像被列入美國汽車城底特律的「汽車殿堂」，是他一生最高的榮譽。因為能進入這個殿堂的日本人只有本田宗一郎一人，並且他的塑像與「汽車大王」福特並肩同列在殿堂裡，讓全世界愛好汽車的人瞻仰，這是他生前的光榮，也是死後名垂青史的永恆紀念。

本田宗一郎轟轟烈烈地走過了他一生的精彩舞台，他演得賣力、演得辛苦，也演得十分盡興！所以，他是一輩子都很幸福的人，沒有人能像他那樣——把生命發揮得如此淋漓盡致……

本田宗一郎年譜

・一九〇六年（0歲）生於日本靜岡縣磐田郡光明村（如今的天龍市）。

・一九一三年（7歲）進入光明村立東尋常小學校。次年首次看到汽車的模樣。

・一九一七年（11歲）濱松市和地山連兵場觀看飛行表演。生平首次看到飛機。

・一九二二年（16歲）以汽修工學徒的身份入職東京本鄉的ART商會。

・一九二八年（22歲）獨自成立ART商會濱松分店，成為汽修廠廠主。

・一九三五年（29歲）與小學老師磯部幸結婚，她是一位賢妻良母。

・一九三六年（30歲）參加在東京多摩川舉行的全日本汽車競速大會，在比賽中受重傷住院。

・一九三九年（33歲）成為東海精機重工業公司社長，著手製造活塞環。

・一九四二年（36歲）長子本田博俊出生。東海精機重工業接受豐田汽車注資，並將總經理職務讓給有「豐田中興之功臣」之稱的石田退

三，自己擔任董事。

・一九四六年（40歲）在濱松創立本田技術研究所，著手研發用於助力自行車的引擎。

・一九四八年（42歲）在濱松創立本田技術工業公司並擔任社長，公司資本金一百萬日元，員工約四十人。

・一九四九年（43歲）著手研發真正意義的摩托車「夢想號」。同年，藤澤武夫以常務身份參與經營。

・一九五二年（46歲）發售輕型助力自行車「小狼F型」，並因發明搭載於該車型的小型引擎榮獲藍綬褒章。同年，公司總部遷至東京，本田赴美採購生產設備。

・一九五四年（48歲）進入日本店頭證券公司交易。同年，宣佈參加曼島TT賽，但公司出現經營危機，且公司工會成立。

・一九五五年（49歲）公司兩輪車產量躍居日本國內首位。同年，日本政府提出「打造日本國民車」的構想。

・一九五八年（52歲）小型摩托車「超級小狼」發售並大賣，該車型奠定了公司規格量產及出口創匯的基礎。

・一九五九年（53歲）首次參加曼島TT賽。同年，公司在美國的銷售據點「美國HONDA」正式成立。

・一九六〇年（54歲）公司的研究部門以「本田技術研究所」的形式獨立出去，本田宗一郎兼任社長。

・一九六五年（57歲）公司15周年慶典在京都舉行。同年，公司進行了「猜猜新車價格」的「猜謎型」廣告宣傳，並發售了紅色塗裝的S500跑車。

・一九六七年（61歲）公司發售輕型汽車N360並大賣，發售三個月後，該車銷量躍居日本國內同類車型之首。同年，本田宗一郎決定進軍小型汽車市場。

・一九七一年（65歲）公司發布了低污染引擎CVCC。一九七二年，CVCC引擎率先通過了一九七五年才生效的《馬斯基法》排放規定。

同年，公司與豐田簽訂協議，同意向豐田提供該項技術。

同年，搭載該引擎的「喜美·civic」開始發售。

· 一九七三年（67歲）
辭去本田技研工業社長一職，轉任董事兼最高顧問。

· 一九八一年（75歲）
被授予一等瑞寶章。

· 一九八三年（77歲）
辭去本田技研的董事一職，轉任終身最高顧問。同年，公司時隔15年再次回歸F1賽事。

· 一九八九年（83歲）
本田宗一郎被收錄進美國的汽車名人堂，成為首位獲此榮譽的日本人。

· 一九九〇年（84歲）
本田宗一郎被國際汽車聯盟（FIA）授予「金牌獎」。

· 一九九一年（85歲）
8月5日本田宗一郎死於肝衰竭。

同年，被授予一等旭日大綬章。

國家圖書館出版品預行編目資料

經營之聖本田宗一郎／小林英夫　編著；初版－
新北市；新潮社文化事業有限公司，2024.02
面；　公分
ISBN　978-986-316-897-3（平裝）
1.CST：本田宗一郎　2.CST：企業家　3.CST：傳記

783.18　112020075

經營之聖本田宗一郎
小林英夫　編著

【策　劃】林郁
【制　作】天蠍座文創
【出　版】新潮社文化事業有限公司
電話：(02) 8666-5711
傳真：(02) 8666-5833
E-mail：service@xcsbook.com.tw

【總經銷】創智文化有限公司
新北市土城區忠承路 89 號 6F（永寧科技園區）
電話：(02) 2268-3489
傳真：(02) 2269-6560

印前作業　菩薩蠻電腦科技有限公司

初　　版　2024 年 3 月